बेस्ट ऑफ
अल्हड़ बीकानेरी

इस श्रृंखला की पुस्तकें

बेस्ट ऑफ अल्हड़ बीकानेरी

अल्हड़ बीकानेरी

संपादन

प्रेमकिशोर 'पटाखा'

प्रभात प्रकाशन

प्रकाशक

प्रभात प्रकाशन प्रा. लि.

4/19 आसफ अली रोड, नई दिल्ली–110002

फोन : 011–23289777 • हेल्पलाइन नं. : 7827007777

इ–मेल : prabhatbooks@gmail.com ❖ वेब ठिकाना : www.prabhatbooks.com

संस्करण

2025

पेपरबैक मूल्य

तीन सौ पचास रुपए

मुद्रक

नरुला प्रिंटर्स, दिल्ली

★

BEST OF ALHAD BIKANERI

Ed. Shri Premkishore 'Patakha'

Published by **PRABHAT PRAKASHAN PVT. LTD.**

4/19 Asaf Ali Road, New Delhi-110002

ISBN 978-81-7315-706-6

₹350.00 (PB)

समस्त सुधी पाठकों
तथा
सहृदय श्रोताओं
को
समर्पित।

वाह, वाह!

पूरा नाम : श्यामलाल शर्मा। १७ मई, १९३७ को गाँव बीकानेर जिला रेवाड़ी, हरियाणा में जन्म। अल्हड़ बीकानेरी ने सन् १९६२ से गीत, गजल की ऐसी धारा बहाई कि अपने साथ-साथ सभी को रसविभोर कर आनंद की डुबकियाँ लगाने-लगवाने लगे। आपका सस्वर काव्य-पाठ ही आपकी लोकप्रियता का जादुई चिराग बन गया। काव्य-मंचों पर आपकी उपस्थिति शब्दों के जादुई गीतकार के रूप में ऐसी हुई कि ठहाकों की घंटियाँ बजने लगीं। शब्द-यात्रा के साथ-साथ आपकी फिल्म-यात्रा, प्रकाशन-यात्रा और पुरस्कार-यात्रा फिर सम्मान-यात्रा की ऐसी शृंखला जुड़ी कि आपकी काव्य-यात्रा 'आनंद-यात्रा' बन गई और जो भी आपके साथ इस यात्रा में जुड़ा, आनंदित हो गया।

एक बार फिर हम आपको इस आनंद-यात्रा में शामिल होने का आमंत्रण दे रहे हैं।

'कोई मेरे दिल से पूछे' शीर्षक में काव्य-मन की पीड़ा का खुलासा

कवि ने इन शब्दों में किया है—

"कवि-मन की कोमल कल्पनाएँ जब यथार्थ की पथरीली जमीन से टकराती हैं तो तीक्ष्ण व्यंग्य की व्युत्पत्ति सहज भाव से हो जाती है। जिन सामाजिक रूढ़ियों, आर्थिक दुश्चिंताओं, राजनीतिक विडंबनाओं, प्रशासनिक विसंगतियों तथा क्षणभंगुर जीवन की विद्रूपताओं ने मेरे अंतर्मन को भीतर तक कचोटा है, उन्हीं का कच्चा चिट्ठा है—मेरी काव्य-यात्रा।"

—प्रेम किशोर 'पटाखा'

इक समुंदर-सा उमड़ता है हसीं चेहरों का

'वक्त जब करवटें बदलता है
इश्क रह-रहके हाथ मलता है'

एक फिल्म चल रही है आज यादों के रुपहले परदे पर—मेरी जिंदगी की। अचानक फ्लैश बैक शुरू होता है... करीब तीस बरस पुरानी मेरी ही तस्वीरें मेरी आँखों से होने लगती हैं रूबरू—शुरुआती कवि-सम्मेलनों का खुमार, दावतनामों की भरमार, बिस्तरबंद और अटैची नए सफर के लिए हमेशा तैयार...और एक अनजान शहर में पहुँच जाता हूँ मैं पहली बार, जहाँ—

'देखने की मुझे, आँखों में उम्मीदें लेकर
इस समुंदर-सा उमड़ता है हसीं चेहरों का।'

मंच पर एक से बढ़कर एक धुरंधर कवियों का हुजूम। सामने सुननेवालों की बेकाबू भीड़—समुंदर के ज्वार-सी। आँखों में सबके तरह-तरह के रंग-बिरंगे ख्वाब। चाँद जैसे हसीन चेहरे, मचलती हुई लहरों में तब्दील होकर मंच के किनारों से टकराने को न जाने कब से बेताब...तभी एक अजनबी-सी लहर, मेरे करीब आकर कानों में फुसफुसाती है—

"क्या इरादा है, बहोगे मेरे साथ?"

"तैरना नहीं आता मुझको," ठिठकते हुए जवाब देता हूँ मैं।

"तैरना भी सिखा दूँगी। पहले कुछ देर के लिए बहकर तो देखो।

बहुत मजा आएगा।'' लहर इठलाते हुए कहती है।

''डर लगता है मुझे, कहीं डूब गया तो?''

''बुद्धू कहीं के!'' शरारत-सी झाँकने लगती है लहर की आँखों से।

''ऐसी बात नहीं है। तुम साथ रहोगी तो भला डूबने से क्यों न बचाओगी मुझे?'' मैं कोशिश करता हूँ लहर को बातों से टालने की।

''हाँ-हाँ! बचा लूँगी डूबने से तुमको। चलो, बहो मेरे साथ,'' जिद पर अड़ी हुई है लहर।

पर अंत में जीत होती है लहर की और हार जाता हूँ मैं। किनारे छूट जाते हैं। गहरे समुंदर के बीच पहुँचता हूँ, लहर के साथ बहते-बहते। ठंडी हवा के झोंके सुला देते हैं मुझे उसके आगोश में।

'नीद आए तो ख्वाब आते हैं
कुछ खतों के जवाब आते हैं।'

...एक वीराना टापू और मैं, लहर जा चुकी है मुझे यहाँ तनहा छोड़कर। एक डायरी और कलम के सिवा कुछ नहीं है मेरे पास। डायरी पलटते ही पहले सफे पर मिल जाता है मुझे उस लहर का नाम और पता। एक खत लिखकर हवा में उछाल देता हूँ उसके नाम। जवाब उस खत का हवा लाके मुझे देती है...खतों का सिलसिला चलता है कुछ महीनों तक। जवाब जितने भी आते हैं लहर के मुझ तक, वो नज्म बनके महकते हैं डायरी में मेरी।

अचानक बादल गरजने लगते हैं आसमान में। कड़कती हुई बिजलियों की आवाज से टूट जाती है मेरी नींद। उफनते हुए समुंदर में हिचकोले खा रहा हूँ मैं और मुझसे कुछ दूर खड़ी हुई खिलखिला रही है लहर!

''जल्दी बचाओ मुझे, डूब रहा हूँ मैं'', गुजारिश करता हूँ लहर से।

''क्या सचमुच तुम्हें तैरना नहीं आता?'' हँसते हुए पूछती है लहर मुझसे।

''नहीं, बिलकुल नहीं आता।'' चीखता हूँ मैं।

"बिना तैरे बीच समुंदर में कैसे पहुँच गए?" छेड़ती है मुझको लहर।

"इतनी अनजान मत बनो। तुम्हीं तो यहाँ तक लाई हो, अपने साथ बहाकर मुझे।" भर्राए गले से कहता हूँ मैं।

बिना कोई जवाब दिए, मेरी आँखों से ओझल हो जाती है लहर।

करीब मौत है, फिर भी मैं गुनगुनाता हूँ—

'डूबना ही है मुकद्दर मेरा
पार लगने के अब आसार नहीं।'

मेरी आवाज रंग लाती है। एक जबरदस्त तूफान आता है और मुझे तिनके की तरह अपने साथ उड़ाते हुए समुंदर के किनारे पर ला पटकता है। एक बुजुर्गवार आकर मुझे समझाने लगते हैं—

'शबाब होता है, जब भी उरूज पर अपने
उठाके हमको समुंदर में फेंक देता है।'

फ्लैश बैक खत्म। फिल्म की कहानी कुछ और आगे बढ़ती है। उम्र ढलने के बावजूद अपने सफेद बाल अब भी काले किए हुए हैं मैंने खिजाब से। आँखों पर चश्मा, हाथ में छड़ी। टहलता हुआ पहुँच जाता हूँ सवेरे-सवेरे, अपने शहर की संजय झील के किनारे। सर्द मौसम और उस पर तेज रफ्तार हवा चीरने लगती है कलेजे को। एक बेंच पर बैठकर झील की लहरें गिनने लगता हूँ—

"एक...दो...तीन...चार..."

इतने में होता है एक चमत्कार!...बरसों से बिछुड़ी हुई एक लहर काँपती हुई आवाज में पूछती है मुझसे—

"पहचाना मुझे?"

"कैसे भूल सकता हूँ तुम्हें? तुम्हीं तो समुंदर में डूबने के लिए छोड़ गई थीं मुझे, तीस बरस पहले!"

"हाँ, तब चढ़ते हुए शबाब ने अंधा बना दिया था मुझे।"

"अब क्या चाहती हो मुझसे? फिर से बहकर देखूँ तुम्हारे साथ?"

"नहीं, ऐसी कोई आरज़ू नहीं बची अब मेरे दिल में", कहते हुए आँसू झरने लगे लहर की आँखों से।

अपने आँसू पोंछते वक्त एक पुरानी-सी डायरी छूटकर जमीन पर गिर पड़ती है लहर के हाथों से। उठाकर उस डायरी को सौंपने लगता हूँ मैं उसे।

"तुम्हारी ही अमानत है यह डायरी। एक तूफान ने मेरा नाम-पता पढ़कर पहुँचाया था इसे मेरे पास। तुम जिंदा बच गए थे, यह भी उसने बताया था मुझे। ख्वाबों में, मेरे-तुम्हारे खतों का जो सिलसिला चला था, वो तुम्हारी नज्मों की शक्ल में दर्ज है, इस डायरी के सफों पर। उम्र भर तुमसे बिछुड़कर मैं तड़पती ही रही, अपने कदमों में मुझे चैन से मर जाने दो।"

"जिंदगी मेरी कटी मौत से टकराने में, अपने जीते-जी तुम्हें मैं नहीं मरने दूँगा।"

और इसके बाद लहर चुप्पी ओढ़ चुकी थी। मैं भी खामोश था। झील की गहराइयों से निकलकर इतने में एक आवाज गूँज उठी—

'छाई है बूढ़े दरख्तों पे अजब खामोशी
दोस्तो! फिर कोई तूफान है आनेवाला।'

—अल्हड़ बीकानेरी

अनुक्रम

हे लतीफों के लिखैया

मसखरों के आदिगुरु हे बीरबल
तुमको प्रणाम!
भीड़ चेलों पर पड़ी है, और
कब आओगे काम?

जो लतीफे तुमने लिक्खे, और
लिखकर मर गए
चुलबुले चेले, उन्हें चारा
समझकर चर गए

कर चुके काफी जुगाली है नशे
का अब उतार,
डर है, चौपट हो न जाए,
हाय इनका कारोबार।

तालियाँ मिल जाएँ, कनरसियों
के फूहड़ वर्ग से
कुछ लतीफे, एकदम 'लेटेस्ट'
भेजो स्वर्ग से

कुछ लतीफे हों नुकीले, जिनसे
झंडे गड़ सकें
कुछ लचीले, खींचकर जिनको
सुबह तक पढ़ सकें

कुछ कँटीले, जिनसे मोटी
मछलियाँ फँसने लगें
कुछ रसीले, जिनको सुनकर
सेठजी हँसने लगें

पहले कवियों में, कोई चारण थे,
कोई भाट थे
साँड़ सब पल कर हुए,
ऐसे कहाँ तब ठाठ थे

सूँड़ में हाथी के, सोने की
जो मोटी 'चेन' है
हे लतीफों के लिखैया
सब तुम्हारी देन है

वक्त से पहले उठे तुम,
खैर कोई गम नहीं
एक भी चेला तुम्हारा,
दूसरे से कम नहीं

सबकी नौटंकी का,
कुछ अपना अलग अंदाज है

आज हिंदी-मंच को
बस मसखरों पर नाज है

आज तुम होते, तुम्हारी धूम
मच जाती यहाँ
देखते ही तुमको 'बच्चन'
पीटते छाती यहाँ

शाम के भोजन में, बढ़ जाती
सुरा की मात्रा
ऊँटगाड़ी छोड़, तुम करते
हवाई-यात्रा

पांडुलिपि के वास्ते, खुद चल
के आते 'पब्लिशर'
एक पुस्तक के विमोचन दस
कराते 'पब्लिशर'

चुटकुलों पर सैकड़ों 'थीसिस'
लिखे जाते यहाँ
'पद्मभूषण' हास्य में,
केवल तुम्हीं पाते यहाँ

□

होंठों से छुआ के मूँगफली

(हास्य-कव्वाली)

मत पूछिए, फुरसत की घड़ियाँ
हम कैसे गुजारा करते हैं
होंठों से छुआ के मूँगफली
माशूक पे मारा करते हैं।

मारी थी जो हमने मूँगफली
वो उनके डियर डैडी को लगी

छत पे बैठे थे, लिये मूँगफली का थैला
आ गई सामने खिड़की पे हमारी लैला

हमने सोचा कि उसे कोई निशानी दे दें
अधखिले फूल को भरपूर जवानी दे दें

गुफ्तगू की नई तरकीब निकाली हमने
ले के इक मूँगफली, उसपे उछाली हमने

इससे पहले कि वो उस मूँगफली को लपके
उसके डैडी, लिये बंदूक, वहाँ आ टपके

झेंपकर लैला, उधर मम्मी के कमरे में भगी
और इधर मूँगफली, नाक पे डैडी के लगी

छत पे दिखलाई पड़ा 'फेस' हमारा उनको
कैसे हो जाती ये 'इंसल्ट' गवारा उनको

उनका पारा, था जरूरत से चढ़ गया ज्यादा
अपनी बंदूक उठा, हमपे निशाना साधा

खैरियत हमको लगी, छत से खिसक जाने में
छुप गए जा के पड़ोसिन के गुसलखाने में

❖ ❖ ❖

मारी थी जो हमने मूँगफली
वो उनके डियर डैडी को लगी

अब देखिएगा, उनके डैडी
क्या हाल हमारा करते हैं

होंठों से छुआ के मूँगफली
माशूक पे मारा करते हैं।

थी मूँगफली, भेजे का खलल
हो गई गुसलखाने में गजल

❖ ❖ ❖

सामने लाल छड़ी हो तो गजल होती है
जुल्फ गालों पे पड़ी हो तो गजल होती है।

'फेस' को मोड़ के, कॉलिज की हसीना कोई
बस की लाइन में खड़ी हो तो गजल होती है

तीस तारीख को, पिक्चर के लिए जब मैडम
एकदम जिद पे अड़ी हो तो गजल होती है

दो दिलों का जो खटोला नहीं बिछने देते
खाट ऐसों की खड़ी हो तो गजल होती है

मुँह के अंदर हों ठुँसे, मूँगफली के दाने
आँख छिलकों पे गड़ी हो तो गजल होती है

रात–दिन होती रहे ठाठ से 'इनकम' लेकिन
टैक्स भरने की घड़ी हो तो गजल होती है

दौर हो रम का, लबों से हो लगा पैमाना
आँख साकी से लड़ी हो तो गजल होती है

अपने दूल्हे से, कोई शोख नवेली दुलहिन
पूरे दस साल बड़ी हो तो गजल होती है

❖ ❖ ❖

थी मूँगफली भेजे का खलल
हो गई गुसलखाने में गजल

हम ताजा गजल को साबुन के
'रैपर' पे उतारा करते हैं

होंठों से छुआ के मूँगफली
माशूक पे मारा करते हैं...

आफत है गुसलखाने की घुटन
कब होगा न जाने उनसे मिलन

❖ ❖ ❖

आज तो उनसे मेल हो जाए
फिर भले 'हार्ट' फेल हो जाए

पीठ पर झूलती हुई चोटी
जाने कब 'पोनीटेल' हो जाए

हमने इस डर से, की नहीं शादी
नाक में कब नकेल हो जाए

आज छेड़ेंगे राह में उनको
जेल होती हो, जेल हो जाए

हम पे शायद वो तरस खा जाएँ
और मुमकिन है, 'बेल' हो जाए

खेल उसका है जिसके हाथों में
तीन इक्कों की 'ट्रेल' हो जाए

हुस्न उनका है अधपकी अँबिया
इश्क अपना गुलेल हो जाए

वो जो मिल जाएँ एक लमहे को
जिंदगी 'कॉकटेल' हो जाए

❖ ❖ ❖

आफत है गुसलखाने की घुटन
कब होगा न जाने उनसे मिलन

लटके हैं पड़ोसिन के कपड़े
हम उनको निहारा करते हैं

होंठों से छुआ के मूँगफली
माशूक पे मारा करते हैं।

□

पूत-सपूत

मम्मी मोरी, मैं नहिं माखन खायो
शुद्ध तेल में सिक्यो पराँठो
चाय संग सटकायो

भोर भए, नर्सरी स्कूल में
पढ़िबे मोहिं पठायो
साँझ, गली-कूचन में भटक्यो
रात परे, घर आयो

आंटीजी ने कान उमेठ्यो
मुरगो मोहि बनायो
दिन भर बुनती रही सुवैटर
कछु भी नाहिं पढ़ायो

तेज 'ट्यूबलाइट' में पढ़ि-पढ़ि
नैनन-त्यौर गँवायो
ए, बी, सी, डी, केहि बिधि बाँचूँ
चस्मो नाहिं दिलायो

यो ले, अपनो 'इंगलिस-रीडर'
माथ मेरो चकरायो,
पुलक उठी, मॉडर्न जसोदा
'पौडर-मिल्क' पिलायो।

पूत-कपूत

डैडी, मोरे अवगुन चित न धरो,
मैं लाडलो कपूत तिहारो, मो पै गरब करो।

सोमवार, अपने कालिज को जब घेराव कर्‌यो
छोड़ अन्न-जल, पूज्य प्रिंसिपल मोरे पाँव पर्‌यो

मंगलवार, चरस चोरी को, सिगरट बीच भर्‌यो
मार्‌यो दम, रात भर मूढ़ सम, जम कै 'ट्विस्ट' कर्‌यो

बुद्धवार, जब शुद्ध भाव सों, ठर्रा पान कर्‌यो
धुत्त होय, धँसि गयो 'गटर' में, भोर भए उबर्‌यो

वीरवार, कंडक्टर पीट्यो, बस-अपहरण कर्‌यो
बीच सड़क, भिड़ंत भई ऐसी, मंत्री एक मर्‌यो

'फ्राइडे' निज 'गर्ल-फ्रेंड' को, नरम 'हैंड' पकर्‌यो
फोकट में दो फिलम दिखाईं, पल्ले कछु न पर्‌यो

'सैटरडे', चढ़ि गयो सनीचर, टीचर पीट धर्‌यो
टपक पर्‌यो इक पुलिसमैन, मोहि रँगे हाथ पकर्‌यो

'संडे', मोहि जेल कै भीतर, 'मामा' ठूँस धर्‌यो
अब की बेर भरि जाओ जमानत या फिर डूब मरो।

□

कच्चे भूत

बच्चे, तन के कच्चे
जैसे रबड़ के हों गुब्बारे
ऐसे कच्चे भूत हैं ये
भगवान् भी जिनसे हारे।

गुस्सा चढ़े, उफन जाएँ
तीरकमाँ-से तन जाएँ
अकड़-अकड़ कर बात करें
परेशान दिन-रात करें।

टिकते घर में पैर नहीं
बिगड़ उठें तो खैर नहीं
इनके जिद्दीपन से दिन में
दिखें ममी को तारे

बच्चे, बिलकुल बंदर हैं
पूरे मस्त कलंदर हैं
सुनते कोई बात नहीं
करते कम उत्पात नहीं

छत पर कूदें, शोर करें
मेहमानों को बोर करें

□

हर गंगे

तुझसे त्याग-पत्र जो माँगें, उन्हें बता तू भिखमंगे
'हर-हर गंगे, हर गंगे'

दंगे रोज भड़कने दे
लुढ़कें लाश, लुढ़कने दे
वारदात के वक्त पुलिस को
टुकुर-टुकुर, तू तकने दे

जनता जब मर-खप जाएगी, खुद रुक जाएँगे दंगे
'हर-हर गंगे, हर गंगे'

देशवासियों को तरसा
लंका पर चावल बरसा
भाषण की खैरात बाँटते
तुझको बीत चुका अरसा

फिर भी वोट तुझी को देंगे, भारत के भूखे-नंगे
'हर-हर गंगे, हर गंगे'

चीनी हो या ईरानी
चाहे हो पाकिस्तानी
भूटानी हो या नेपाली
सब की मर जाए नानी

घर के मसलों को लटका कर, पड़ोसियो से ले पंगे,
'हर-हर गंगे, हर गंगे'

जो भी यहाँ दलाल बना
पल में मालामाल बना
गाँव और कस्बे का कँगला
और अधिक कंगाल बना

दल्लों के घर, स्विस-खातों के फूल खिले हैं सतरंगे,
'हर-हर गंगे, हर गंगे'

प्यासे जन, तड़पें ऐसे
पानी बिन मछली जैसे
हैंडपंप या नलकूपों पर
तू मत खर्च पाँच पैसे

पनडुब्बी पर पाँच अरब का फंड फूँक दे, सारंगे
'हर-हर गंगे, हर गंगे।'

□

'बेलन' स्तुति

'बेलन', तुम जीते, हम हारे
हमने सिर्फ तुम्हारे भय से
निज आचरण सुधारे।

नाम तुम्हारा नित्य नियम से
जपकर साँझ-सकारे
मुख्य कुरसियों पर चढ़ बैठे
कई मूढ़ भटियारे।

जिनको वेद-मंत्र लगते हों
नारे आज तुम्हारे
'छायावाद' खाक समझें वे
जन्म-जात 'घसियारे'।

जो नर करे तुम्हारी पूजा
उसके वारे-न्यारे
भरे पड़े तुमरे भक्तों से
संसद् के गलियारे।

'विद्याचरण शुक्ल' की नैया
डूब गई मझधारे
जो 'बेलन' का मर्म न जानें
उनकी यही दशा रे!

कई 'सिंह' 'बेलन' से पिटकर
फिरते मारे-मारे

गली–गली भटकें शहरों में
दंड–कमंडल धारे।

विषधर की मानिंद 'त्रिपाठी'
जैसे ही फुफकारे
तुड़वाकर विषदंत, रेल से
कूद पड़े बेचारे!

भोगा तीन बेलनों का सुख
दशरथ स्वर्ग सिधारे
जाने क्यों बैठे हैं अब तक
'अटलबिहारी' क्वाँरे!

'बेलन', तुम जीते, हम हारे।

□

घाट-घाट घूमे

घाट-घाट घूमे, निहारी सारी दुनिया,
'दाता एक राम, भिखारी सारी दुनिया।'

साधू, संत, फकीर, औलिया
दानवीर, भिखमंगे
दो रोटी के लिए रात-दिन
नाचें होकर नंगे

आदमी जमूरा, मदारी सारी दुनिया,
'दाता एक राम, भिखारी सारी दुनिया।'

राजा, रंक, सेठ, संन्यासी
बूढ़े और नवासे
सब कुरसी के लिए फेंकते
उलटे-सीधे पासे

द्रौपदी अकेली, जुआरी सारी दुनिया,
'दाता एक राम, भिखारी सारी दुनिया।'

आशिक, अफलातून, मनचले
बिगड़े–दिल शहजादे
लिए, इश्क के तीर, गली में
खड़े, निशाना साधे

हुस्न है हिरनिया, शिकारी सारी दुनिया,
'दाता एक राम, भिखारी सारी दुनिया।'

कहीं न बुझती, प्यास प्यार की
प्राण कंठ में अटके
घर की गोरी क्लब में नाचे
पिया सड़क पर भटके

शादीशुदा हो के, कुँआरी सारी दुनिया,
'दाता एक राम, भिखारी सारी दुनिया।'

पंचतत्त्व की बीन सुरीली
मनवा एक सपेरा
जब टेरा पापी मनवा ने
राग स्वार्थ का टेरा

संबंधी हैं साँप, पिटारी सारी दुनिया,
'दाता एक राम, भिखारी सारी दुनिया।'

पाप–पुण्य हैं कत्था–चूना
परम पिता–पनवाड़ी

कड़ुवा लगे सत्य का जर्दा
माँगें सौंफ अनाड़ी

काल है सरौता, सुपारी सारी दुनिया,
'दाता एक राम, भिखारी सारी दुनिया।'

□

ज्योतिष-पुराण

कुछ सिद्ध तांत्रिकों के गढ़ में
मेरा भी तंबू तन जाता
खुल जाते किस्मत के कपाट
मैं अगर ज्योतिष बन जाता।

पी जाता अगर घोंटकर मैं
विज्ञान हस्त-रेखाओं का
कर पाता गणन अंक-ज्योतिष
की परम जटिल गणनाओं का
तब मेरे चमत्कार को भी
नेतागण नमस्कार करते
बरसाता मुझ पर हरे नोट
हर मौसम आम चुनावों का
क्यों व्यर्थ, तुकों के चक्कर में
मेरा अमूल्य जीवन जाता
खुल जाते किस्मत के कपाट
मैं अगर ज्योतिषी बन जाता।

अनगिनत राजनीतिज्ञों को
देता मैं विधिवत् दीक्षाएँ
शंकालु शिष्य-शिष्याओं की
लेता मैं अग्नि-परीक्षाएँ
ज्योतिष पर मोटे ग्रंथों का
लिख-लिखकर ढेर लगा देता
मुझको महिमा-मंडित करतीं
मनचाही मुखर समीक्षाएँ
दैनिक पत्रों में चित्र सहित
मेरा भी विज्ञापन जाता
खुल जाते किस्मत के कपाट
मैं अगर ज्योतिषी बन जाता।

सासों से पीड़ित बहुओं की
मेरे घर भीड़ लगी होती
कोई बैठी रहती गुमसुम
कोई अपना दुखड़ा रोती
पंचांग देखकर बतलाता
मैं कष्ट-निवारण का उपाय
होते ही पूरा अनुष्ठान
लुटते मुझ पर हीरे-मोती
गुमनाम विदेशी खातों में

मेरा भी काला धन जाता
खुल जाते किस्मत के कपाट
मैं अगर ज्योतिषी बन जाता।

घातक हथियारों के दलाल
करते मेरी ही मनुहारें
स्वागत के लिए खड़ी रहतीं
शाहों की सजी-धजी कारें
मेरी भविष्य-वाणी सुनकर
मच जाती जग में उथल-पुथल
गाजर-मूली की तरह उखड़तीं
जमी-जमाई सरकारें
फिर अवतारों की तरह, किया
मेरा भी अभिनंदन जाता
खुल जाते किस्मत के कपाट
मैं अगर ज्योतिषी बन जाता।

संपूर्ण विश्व में सदा मुझे
मिलता आतिथ्य कुबेरों का
क्यों मेरे मन की कुटिया में
रहता अस्तित्व अँधेरों का
कर वशीकरण का मंत्र-जाप

मुरगियाँ फँसाता सोने की
तंत्रों के तीरों से शिकार
करता धनवान् बटेरों का

पेरिस में लेकर 'डिनर' शान
से, 'लंच' हेतु लंदन जाता

खुल जाते किस्मत के कपाट
मैं अगर ज्योतिषी बन जाता।

क्यों जन्म लिया हरियाणा में
तब होता नहीं मलाल मुझे
थैलियाँ लिये, घेरे रहते
सत्ता के सभी दलाल मुझे
हाँ, मुझ पर कोई 'लाल' अगर
हो जाता किसी तरह लट्टू
तो पदवी 'राज-ज्योतिषी' की
मिल सकती थी तत्काल मुझे
क्यों किसी कुटिल की कोठी पर
मैं करने आज भजन जाता
खुल जाते किस्मत के कपाट
मैं अगर ज्योतिषी बन जाता।

□

बुड्ढी घोड़ी लाल लगाम

खुल के हँसना हुआ हराम, सीताराम, राधेश्याम!
भज मन नारायण का नाम, सीताराम, राधेश्याम!

घसलेट घी चले खोजने
रामदीन के अब्बा
छह हफ्तों में लेकर लौटे
चार किलो का डब्बा।

मानो मिल गए चारों धाम, सीताराम, राधेश्याम!
भज मन नारायण का नाम, सीताराम, राधेश्याम!

खाली पड़ा सिलेंडर, चौपट
हुआ गैस का चूल्हा
दूल्हा मारे पंप स्टोव में
दुल्हन हिलाए कूल्हा।

बेगम को मिल गया गुलाम, सीताराम, राधेश्याम!
भज मन नारायण का नाम, सीताराम, राधेश्याम!

‘कॉफी हाउस’ में बैरे ने
रखी मेज पर कॉफी,
चौंक उठे कविराज देखकर
‘शुगर पॉट’ में टॉफी।

बैरा झुक-झुक करे सलाम, सीताराम, राधेश्याम!
भज मन नारायण का नाम, सीताराम, राधेश्याम!

किसी सेठ की नई तिजोरी
चोर उठाकर लाया
तोड़ी नई तिजोरी, उसमें
सड़ा टमाटर पाया।

पल्ले पड़ा न एक छदाम, सीताराम, राधेश्याम!
भज मन नारायण का नाम, सीताराम, राधेश्याम!

बरस पड़ा ‘पेट्रोल पंप’ पर
डबल टैक्स का डंडा
लकवा मार गया टैक्सी को
हुआ तिपहिया ठंडा।

बस में लटक रही गुलफाम, सीताराम, राधेश्याम!
भज मन नारायण का नाम, सीताराम, राधेश्याम!

‘न्यूज प्रिंट’ हो गया उड़न-छू
कैसे छपें रिसाले

‘फ्रीलांसरजी’ फिरें बेचते
घर-घर मिर्च-मसाले।

बेचें संपादकजी आम, सीताराम, राधेश्याम!
भज मन नारायण का नाम, सीताराम, राधेश्याम!

चढ़ा दूध का भाव, दुखी है
सजनीजी का मनवा
ले मुन्ने का ‘बेबी-फीडर’
चूसें निपल सजनवा।

जैसे हारे को हरिनाम, सीताराम, राधेश्याम!
भज मन नारायण का नाम, सीताराम, राधेश्याम!

‘मिनी’ हुआ ब्लाउज मैडम का
दीखे पीठ उघाड़ी
‘शॉपिंग’ करने चली बाँधकर
नाभि-दर्शना साड़ी।

बुड्ढ़ी घोड़ी, लाल लगाम, सीताराम, राधेश्याम!
भज मन नारायण का नाम, सीताराम राधेश्याम!

□

प्रतिभा पलायन

पूँछ पे सजा के
चाटुकारिता का मोरपंख
पालतू जी हो गए
'प्रमोट' मेरे देश में।

ताजा भुने काजुओं को
पैरों तले रौंद चले—
सदियों के सड़े
अखरोट मेरे देश में।

जिसने घुमाई लाठी
हो गई उसी की भैंस
पैरवी करें क्या काले
कोट, मेरे देश में।

कर के पलायन
विदेश भगीं प्रतिभाएँ
पुज रहे, कफन
खसोट, मेरे देश में।

□

कवि-मीमांसा

भूखे भेड़िए-सा
जो डिनर पर टूट पड़े
उसे अजनबी
अनजान कवि मानिए।

एक प्याली चाय से
हो जिसकी थकान दूर
उसे मनमौजी
मेहमान कवि मानिए।

'माइक' पे आते ही
जो पानी का गिलास माँगे
उसे साधू, संत या
सुजान कवि मानिए।

टुल्ल हो के मंच पे जो
गैंड़े-सा पसर जाए
उसे आप देश का
महान् कवि मानिए।

□

कविता मुफ्त हुई बदनाम

मजबाज चरें बादाम, तेरी जय हो राम-रमैया!
कविता मुफ्त हुई बदनाम, तेरी जय हो रास-रचैया!

मंच अखाड़े बने, हवा का
आया कैसा झोंका
सभी मंच-कवि मलें देह पर
शुद्ध तेल सरसों का।

पेलें दंड सवेरे-शाम, तेरी जय हो राम-रमैया!
कविता मुफ्त हुई बदनाम, तेरी जय हो रास-रचैया!

छक्के छूट गए 'छंदों' के
'लय' ने लंबी तानी
'अनुप्रास' पसरे हैं औंधे
'रूपक' माँगें पानी।

'यति-गति' रोएँ आठों याम, तेरी जय हो राम-रमैया!
कविता मुफ्त हुई बदनाम, तेरी जय हो रास-रचैया!

नए वर्ष की भेज बधाई
रहा साल भर सोता

कविवर को कवि–सम्मेलन का
मिले कहाँ से न्योता।

ठेके सभी हुए नीलाम, तेरी जय हो राम–रमैया!
कविता मुफ्त हुई बदनाम, तेरी जय हो रास–रचैया!

गैंग बनाकर चलें चुटकुले
सुन–सुन आवै हाँसी
डाका डाला आज भिंड में
लूटेंगे कल झाँसी।

कैसी नींद, कहाँ विश्राम, तेरी जय हो राम–रमैया!
कविता मुफ्त हुई बदनाम, तेरी जय हो रास–रचैया!

घर में चौका लगा न पाएँ
बाहर मारें छक्का
आँगन की रसभरियाँ तरसें—
हमको कभी न चक्खा।

मीठे लगें पराए आम, तेरी जय हो राम–रमैया!
कविता मुफ्त हुई बदनाम, तेरी जय हो रास–रचैया!

□

मार्केट-वैल्यू

घर से फोन घुमाकर हम
दफ्तर से छुट्टी पा गए,
लड़के को देखने, उसी
दिन लड़कीवाले आ गए।

लड़की की मम्मी ने पूछा
हमसे रुककर एक पल
'किस कालिज में, प्यारे बेटे
पढ़ते हो तुम आजकल?'

हमने उत्तर दिया—'देवीजी
किस चक्कर में आप हैं
लड़का कालिज गया हुआ है
हम लड़के के बाप हैं।'

□

गिरगिट-गाथा

एक दुपहरी किसी गाँव में
हरे नीम की घनी छाँव में
आ बैठा सुस्ताने थोड़ा
चमचा-चमची का एक जोड़ा।

चमची बोली सुमधुर बैना
'करिए बात, कटें दिन-रैना'
चमचा बोला—हे पटरानी
गाथा सुन कुछ बरस पुरानी।

यमुना-तट से थोड़ा हटकर
'निगमबोध' फाटक से सटकर
बसा हुआ इक महानगर था
वहीं एक नेता का घर था।

अवसरवादी, पक्का खाऊ
जन्मजात गिरगिट का ताऊ
था ऊँची कुरसी पर मरता
नित्य नए दल बदला करता।

थुल-थुल देह, उम्र थी अस्सी
पीता 'स्कॉच' बताता लस्सी
सहे कई दिल के झटके थे
जाने प्राण कहाँ अटके थे!

सुन प्रिय, एक साँझ का ब्योरा
पड़ा उसे फिर दिल का दौरा
अपने 'पी.ए.' को बुलवाकर
सोफे पर तत्काल बिठाकर।

धीरे से बोला—'सुन बच्चा
उठा चाबियों का यह गुच्छा
मेरे शयन-कक्ष के पीछे
तरण-ताल के बिलकुल नीचे।

एक अँधेरा तहखाना है
लेकर टॉर्च तुम्हें जाना है
तहखाने में होगा कमरा
कमरे में सोने का पिंजरा।

पिंजरे में लटकाए दुम को
गिरगिट एक मिलेगा तुमको
जिसका बदन काँपता होगा
मेरी तरह हाँफता होगा।

लो यह इंजेक्शन ले जाओ
गिरगिट की पीठ में लगाओ'

लगते ही गिरिगिट को टीका
कष्ट मिट गया नेताजी का।

सुनकर बोर हो गई चमची
आई नींद सो गई चमची
चमचे ने चमची को झिड़का
शीतल जल मुखड़े पर छिड़का।

बोला—'सुन आगे की गाथा
यों मत बैठ पकड़कर माथा
उस नेता के प्राण बचाकर
'पी.ए.' टुल्ल हुआ घर जाकर।

पत्नी का फिर कान टटोला
गुप्त भेद नेता का खोला
पत्नी थी अल्हड़, अलबेली
मिली सवेरे एक सहेली।

गिरगिट-गाथा उसे सुनाई
बात सहेली पचा न पाई
इस घर से उस घर में फैली
उड़कर नगर-नगर में फैली।

बढ़ते-बढ़ते बात बढ़ गई
विरोधियों को भनक पड़ गई
किसी बहाने देकर झाँसा
नेता के 'पी.ए.' को फाँसा।

मिली चाबियाँ, तन-मन डोला
विरोधियों ने पिंजरा खोला
फुरती से पकड़ा गिरगिट को
मुट्ठी में जकड़ा गिरगिट को।

आधी रात, पहर का तड़का
भीषण स्वर विरोध का भड़का
नींद उड़ गई उस नेता की
रुकी साँस धक-धक दिल धड़का।

और इधर जब विरोधियों ने
गिरगिट की बाँहों को तोड़ा
उधर देह से उस नेता की
उखड़ा कर-कमलों का जोड़ा।

गिरगिट के दोनों पैरों पर
पड़ा इधर घूसे पर घूसा,
उधर धरा पर लगा लुढ़कने
उस नेता का धड़ कद्दू-सा।

इधर मुष्टिका के प्रहार से
गिरगिट की जब गरदन पिचकी
प्राण तज दिए उस नेता ने
लेकर उधर आखिरी हिचकी।

इधर सुबह गिरगिट को फूँका
उधर वहाँ के नौकर-चाकर

दलबदलू नेता के शव को
'निगमबोध' ले गए उठा कर।

चमची बोली—'आगे, प्रियतम'
चमचा बोला—'सुन, कल्याणी!
क्रुद्ध भीड़ ने पकड़-पकड़कर
कुचले गिरगिट नामक प्राणी।

इस प्रकार हे प्राणवल्लभे,
गिरगिट-युग का अंत हो गया
'रामराज' आ गया देश में
हर वोटर हनुमंत हो गया।'

□

रोए बाप हँसे हज्जाम

तुझको नजला, हमें जुकाम, सीताराम–राधेश्याम!
भज मन बमभोले का नाम, सीताराम–राधेश्याम!

जय मेरी सरकार, कहाँ तक
तेरी करें बड़ाई
जब–जब आया नया बजट,
तब और बढ़ी महँगाई।

तेरी लीला ललित–ललाम, सीताराम–राधेश्याम!
भज मन बमभोले का नाम, सीताराम–राधेश्याम!

बूढ़े विश्वामित्रों की हो
सफल तपस्या कैसे
चपल मेनका–सी महँगाई
फिरे कुदकती ऐसे।

जैसे घोड़ी बिना लगाम, सीताराम–राधेश्याम!
भज मन बमभोले का नाम, सीताराम–राधेश्याम!

गोरी लिखे पिया को पाती
'ओ, प्रियतम परदेसी
दारू से भी महँगा, बिकने
लगा आज घी देसी।

भर-भर पी ठर्रे के जाम, सीताराम-राधेश्याम!
भज मन बमभोले का नाम, सीताराम-राधेश्याम!

जी मितलाए, रोज उलटियाँ
करे नई भौजाई
बोली ननद, 'चटाऊँ कब तक
भाभी तुझे खटाई

महँगी अंबिया, सस्ता आम, सीताराम-राधेश्याम!
भज मन बमभोले का नाम, सीताराम-राधेश्याम!

टपके सालगराम, बना घर में
बैंगन का भुरता
उतर गया सब्जीमंडी में
जीजाजी का कुरता।

धोती संग हुई नीलाम, सीताराम-राधेश्याम!
भज मन बमभोले का नाम, सीताराम-राधेश्याम!

हँसे जीम कर बटलोई को
आलू-मटर-पनीरा

चकले-बेलन चट्ट कर गया
दो अंगुल का खीरा।

चिमटे को धनिया दस ग्राम, सीताराम-राधेश्याम!
भज मन बमभोले का नाम, सीताराम-राधेश्याम!

घर लौटे पतिदेव, परोसा
पत्नीजी ने खाना
प्याली में जब दिखा तैरता
एक दाल का दाना।

पहले उसको किया प्रणाम, सीताराम-राधेश्याम!
भज मन बमभोले का नाम, सीताराम-राधेश्याम!

महँगे तेल, दुमहँगा शैंपू
जुल्फें कौन बढ़ाए
जीते-जी खुद बाप, उस्तरा
बेटों पर फिरवाए।

रोए बाप, हँसे हज्जाम, सीताराम-राधेश्याम!
भज मन बमभोले का नाम, सीताराम-राधेश्याम!

□

घोटालों का मेला

सोने के सितारे, ऊँचे अंबर
से तोड़ सके
नेता का सपूत, अलबेला
हो तो ऐसा हो।

धरती पे आरती उतारें
बूढ़े बरगद
नीम पे चढ़ा हुआ करेला
हो तो ऐसा हो।

दो किलो खली से टनों तेल
जो निकाल सके
सत्ता का खिलाड़ी खाया-खेला
हो तो ऐसा हो।

कल था करोड़पति,
आज है अरबपति
घोटालों का रोज-रोज,
मेला हो तो ऐसा हो।

□

चुनाव चक्रम्

वोट माँगन निकले नेताजी।

दोउ कर जोरे, खीस निपोरे
हर वोटर पर डालें डोरे
चपरासी को बोलें चाचा
पुलिसमैन को कहें पिताजी
वोट माँगन निकले नेता जी।

चाल रेशमी, ढाल रेशमी
काँधे ऊपर शॉल रेशमी
सिर पर खादी-कैप ओढ़कर
लगें लोमड़ी के फूफाजी
वोट माँगन निकले नेताजी।

आगे झंडे, पीछे डंडे
दाएँ-बाएँ दस मुसटंडे
आरती-वंदन करे चमचियाँ
थैली भेंट करें चमचाजी
वोट माँगन निकले नेताजी।

घर-घर डोलें, वोट टटोलें
नई दुल्हन को बहना बोलें
दूल्हे के आगे मिमियाएँ
'वोट हमें देना जीजाजी'
वोट माँगन निकले नेता जी।

□

शारदा-स्तुति

वर दे, वर दे, मातु शारदे
कवि–सम्मेलन धुआँधार दे।

'रस' की बात लगे अब नीकी
घर में जमे, दोस्त नजदीकी
कैसे चाय पिलाएँ फीकी
चीनी की बोरियाँ चार दे।

'छंद' पिट गया रबड़छंद से
मूर्ख भिड़ गया अक्लमंद से
एक बूँद घी की सुगंध से
स्मरण–शक्ति मेरी निखार दे।

'अलंकार' पर चढ़ा मुलम्मा
आया कैसा वक्त निकम्मा
रूठ गई राजू की अम्मा
उसका तू पारा उतार दे।

नए 'रूपकों' पर क्या झूमें
लिए कनस्तर कब तक घूमें?

लगने को राशन की ‘क्यू’ में
लल्ली-लल्लों की कतार दे।

थोथे ‘बिंब’ बजें नूपुर-से
आह क्यों नहीं उपजे उर से?
तनखा मिली, उड़ गई फुर्र से
दस का इक पत्ता उधार दे।

टँगी खूँटियों पर ‘उपमाएँ’
लिखें, चुटकुलों पर कविताएँ
पैने व्यंग्यकार पिट जाएँ
पढ़कर ऐसा मंत्र मार दे।

हँसें कहाँ तक ही-ही-हू-हा
‘मिल्क-बूथ’ ने हमको दूहा
सीलबंद बोतल में चूहा
ऐसा ‘टॉनिक’ बार-बार दे।
वर दे, वर दे, मातु शारदे!

□

समय का फेर

कैसा क्रूर भाग्य का चक्कर
कैसा विकट समय का फेर
कहलाते हम बीकानेरी
कभी न देखा—बीकानेर।

जनमे 'बीकानेर' गाँव में
है जो रेवाड़ी के पास
पर हरियाणा के यारों ने
कभी न डाली हमको घास।

हास्य-व्यंग्य के कवियों में
लासानी समझे जाते हैं,
हरियाणवी पूत हैं—
राजस्थानी समझे जाते हैं।

□

दो नावों की सवारी

कविता के साथ चली
चाकरी चालीस साल
आखर मिटाए कब
मिटे हैं ललाट के।

रहा मैं दो नावों पे
सवार—लीला राम की थी,
राम ही लगाएँगे
किनारे किसी घाट के।

शारदा को नमन
कबीरा को प्रणाम किया
छुए न चरण किसी
चारण या भाट के।

तोड़ गई 'गालिब' को
तीन महीनों की कैद
ताड़-सा तना हूँ दो-दो
उम्र-कैद काट के।

□

हे दयालु नेता

तुम्हीं हो भाषण, तुम्हीं हो ताली
दया करो, हे दयालु नेता
तुम्हीं हो बैंगन, तुम्हीं हो थाली
दया करो, हे दयालु नेता।

तुम्हीं पुलिस हो, तुम्हीं हो डाकू
तुम्हीं हो खंजर, तुम्हीं हो चाकू
तुम्हीं हो गोली, तुम्हीं दुनाली
दया करो, हे दयालु नेता।

तुम्हीं हो इंजन, तुम्हीं हो गाड़ी
तुम्हीं अगाड़ी, तुम्हीं पिछाड़ी
तुम्हीं हो 'बोगी' की 'बर्थ' खाली
दया करो, हे दयालु नेता।

तुम्हीं हो चम्मच, तुम्हीं हो चीनी
तुम्हीं ने होंठों से चाय छीनी
पिला दो हमको जहर की प्याली
दया करो, हे दयालु नेता।

तुम्हीं ललितपुर, तुम्हीं हो झाँसी
तुम्हीं हो पलवल, तुम्हीं हो हाँसी
तुम्हीं हो कुल्लू, तुम्हीं मनाली
दया करो, हे दयालु नेता।

तुम्हीं बाढ़ हो, तुम्हीं हो सूखा
तुम्हीं हो हलधर, तुम्हीं बिजूका
तुम्हीं हो ट्रैक्टर, तुम्हीं हो ट्रॉली
दया करो, हे दयालु नेता।

तुम्हीं दलबदलुओं के हो बप्पा
तुम्हीं भजन हो, तुम्हीं हो टप्पा
सकल भजन-मंडली बुला ली
दया करो, हे दयालु नेता।

पिटे तो तुम हो, उदास हम हैं
तुम्हारी दाढ़ी के दास हम हैं
कभी रखा ली, कभी मुँड़ा ली
दया करो, हे दयालु नेता।

□

कोई बोलता नहीं

मुंबई में क्यों हुए धमाके, कोई बोलता नहीं
बैठ गए सब मुँह लटका के, कोई बोलता नहीं।

लट्ठ मारते रहे धूल में
सभी लठैत पुलिस के
पकड़ लिये भाड़े के टट्टू
असली मुजरिम खिसके?
क्या थे रिश्तेदार चचा के, कोई बोलता नहीं?
बैठ गए सब मुँह लटका के, कोई बोलता नहीं।

'सिक्योरिटी' के उड़े परखच्चे
लुंज-पुंज-सी सत्ता
बम-विस्फोट हुए मुंबई में
काँपा क्यों कलकत्ता
दिल्ली पूछ रही घबरा के, कोई बोलता नहीं
बैठ गए सब मुँह लटका के, कोई बोलता नहीं।

खतावार थे 'मेनन भाई'
खबर सभी ने बाँची

गोता मारा सिर्फ दुबई तक
निकले मगर कराची
किस 'शरीफ' ने रखा छुपा के, कोई बोलता नहीं
बैठ गए सब मुँह लटका के, कोई बोलता नहीं।

□

पराया माल अपना

बगुलाभगत बनो, दुनिया में
किसके लिए तड़पना
'राम-नाम जपना भई साधो
माल पराया अपना'

दीवाली पर अगर जेब का
निकल चुका दीवाला

दफ्तर के दस बल्ब चुराकर
घर में करो उजाला

मोमबत्तियों के चक्कर में
काहे मरना-खपना
'राम-नाम जपना भई साधो
माल पराया अपना'

दूर हटाना चाहो अगर
गरीबी को तुम घर से
मार भगाओ मैके, अपनी
बीवी को तुम घर से

हँसे किराएदारिन, फिर क्या
रोना और कलपना
'राम-नाम जपना भई साधो
माल पराया अपना'

घर का चूल्हा ठंडा हो, मत
व्यर्थ बजाओ सीटी
मिले पड़ोसी मूर्ख, उठा लो
उसकी गरम अँगीठी

सरदी लगे, उसी से सटकर
रात-रात भर तपना
'राम-नाम जपना भई साधो
माल पराया अपना'

सेंध लगाओ रात, पुलिस की
धारो दिन में वरदी
लेकर डंडा, करो शहर में
तुम आवारागर्दी

चाहे जहाँ मारकर छापा
सीखो नोट हड़पना
'राम-नाम जपना भई साधो
माल पराया अपना'

राजनीति का चप्पू लेकर
वैतरणी को तर लो
करो खोखला देश, नींव
अपने महलों की भर लो

झोंपड़ियों को चलो दिखाते
रामराज का सपना
'राम-नाम जपना भई साधो
माल पराया अपना'

कवि-सम्मेलन ठप्प हो गए
मासिक नया निकालो
ले आजीवन शुल्क, सभी से
बचत-बैंक में डालो

प्रवेशांक के बाद, पत्र का
बंद करा दो छपना

‘राम–नाम जपना भई साधो
माल पराया अपना’

पद्य–पुराने कवि का पेलो
कहकर, कविता ताजी
असली रचनाकार, बला से
करे मुकदमेबाजी

मंचों पर कविता–चोरों का
चालू रहे पनपना
‘राम–नाम जपना भई साधो
माल पराया अपना।’

□

मनहूस अफसर

'केबिन' का द्वार खोले
ताकता रहे जो उसे
होना था जासूस कैसे
बन गया अफसर।

चंदन के तिलक
सवाल करे बिंदिया से
काला आबनूस कैसे
बन गया अफसर।

दुखी हैं मोसम्मियाँ
हैरान हैं अनारदाने
बाजरे का जूस कैसे
बन गया अफसर।

किसी के आदाब का जो
हँस के जवाब न दे
ऐसा मनहूस कैसे
बन गया अफसर।

□

नई पड़ोसिन

कैसे घर को स्वर्ग बनाएँ
सोच–सोचकर हारे,
नई पड़ोसिन के दो बच्चे
सात सपूत हमारे।

नई पड़ोसिन के दो बच्चे
तान चदरिया सोएँ
अपने सात सपूत रातभर
पड़े खाट में रोएँ।

नई पड़ोसिन हँसे–हँसाए
पर हम गिनें सितारे
नई पड़ोसिन के दो बच्चे
सात सपूत हमारे।

नई पड़ोसिन के दो बच्चे
दंड चाव से पेलें
अपने सात सपूत, गली में
गिल्ली–डंडा खेलें

लौटें घर, फुड़वा कर माथा
बहे खून के धारे
नई पड़ोसिन के दो बच्चे
सात सपूत हमारे।

नई पड़ोसिन के दो बच्चे
काजू, किशमिश खाएँ
अपने सात सपूत, छीनकर
सूखे चने चबाएँ
बचपन में ही, बने पिचककर
सबके गाल छुआरे
नई पड़ोसिन के दो बच्चे
सात सपूत हमारे।

नई पड़ोसिन के दो बच्चे
लड़ें झूमकर कुश्ती
अपने सात सपूत, छतों पर
करते धींगामुश्ती
सुनता नहीं किसी की कोई
कैसे इन्हें सुधारें
नई पड़ोसिन के दो बच्चे
सात सपूत हमारे।

नई पड़ोसिन के दो बच्चे
मन से पढ़ें-पढ़ाएँ
अपने सात सपूत क्लास में
ऊधम सदा मचाएँ

हैडमास्टरजी भी इनको
पीट–पीटकर हारे
नई पड़ोसिन के दो बच्चे
सात सपूत हमारे।

नई पड़ोसिन के दो बच्चे
धन गुल्लक में जोड़ें
अपने सात सपूत, जेब में
पैसा एक न छोड़ें
नमक लगी इमली को खाएँ
ले–लेकर चटखारे
नई पड़ोसिन के दो बच्चे
सात सपूत हमारे।

नई पड़ोसिन के दो बच्चे
टेलीविजन चलाएँ
अपने सात सपूत, बैठकर
गीत फिल्म के गाएँ
तानसेन के पास कहाँ थे
चेले इतने प्यारे
नई पड़ोसिन के दो बच्चे
सात सपूत हमारे। □

तैमूरलंग

मेरे दफ्तर के लोग मुझे
अब क्यों न कहें तैमूरलंग
थे नंग बड़े परमेश्वर से
मैं नंगों से भी बड़ा नंग।

पा गया 'प्रमोशन' जिस दिन मैं
औकात उसी दिन भूल गया
चमचों ने ऐसी भरी हवा
मैं गुब्बारे-सा फूल गया।
पट्‌ठों ने ऐसी की पॉलिश
चमका चँदिया का रूप-रंग
थे नंग बड़े परमेश्वर से
मैं नंगों से भी बड़ा नंग।

लगता हूँ पूरा पहलवान
भारी-भरकम कद-काठी से
घोड़ों को और गधों को मैं
हाँकता एक ही लाठी से

मेरी चँदिया को देख-देख
दफ्तर की हैं बिल्लियाँ दंग,
थे नंग बड़े परमेश्वर से
मैं नंगों से भी बड़ा नंग।

□

नौटंकी लाल

फिल्मी नायक बना अगर मैं
सोई किस्मत जागेगी
सुबह नहाने पर, मुझसे
नायिका तौलिया माँगेगी

कह दूँगा मैं—'डियर, बेतुकी बात
न लगती भली मुझे
क्या तुमने समझा है अपना
नौकर या अर्दली मुझे'

सुन, दो टूक जवाब नायिका
मन ही मन झल्लाएगी
'प्लीज तौलिया दे दो' कहकर
अपनी कसम दिलाएगी

हाथों में तौलिया पकड़
नौटंकी नई रचाऊँगा
सौफे से उठकर कमरे में
बेसुध हो गिर जाऊँगा।

सुनकर गिरने की आवाज
पड़ोसी दौड़े आएँगे
दरवाजे की 'काल-बेल' को
मिलकर सभी बजाएँगे

नहीं खुलेगा दरवाजा तो
भीड़ वहाँ चिल्लाएगी
सौ नंबर पर फोन घुमाकर
फौरन पुलिस बुलाएगी

घबराकर नायिका, एकदम
बाथरूम से निकलेगी
जुल्फों को निचोड़कर
मेरे मुखड़े पर छींटे देगी

आँख खोलकर तभी ठहाका
ठसकेदार लगाऊँगा
और तौलिया लिये अटरिया
के ऊपर चढ़ जाऊँगा।

□

घर बैठ जा

नौकरी निभानी हो
चिलम भर हाकिमों की
मस्तियाँ उड़ानी हों
उड़ा के, घर बैठ जा

अधरों को अखरे जो
'टेप' अनुशासन का
नाखूनों से उसको
छुड़ा के, घर बैठ जा

डोरियाँ 'कंडक्ट-रूल्स'
की गले को कसती हों
झटके से, उनको
तुड़ा के, घर बैठ जा

मर चुके आज तेरे
ऑफिस के माई-बाप
तू भी बेटे, खोपड़ी
मुँड़ा के घर बैठ जा

□

नेता की बातें

नेता से नेता की बातें
गाली, घूँसे, थप्पड़, लातें।

प्रजातंत्र-मंडप के नीचे
पाणि-ग्रहण की नूतन रस्में

कुरसी-रूपी दुलहिन बैठी
सकुचाई-सी असमंजस में

भाँवर किसके संग पड़ेंगी
दुलहिन एक, अनेक बारातें।

सत्ता-लोलुप, दंभी नेता
बने हुए हैं आज फरिश्ते
जोड़ रहे हैं कुरसी से सब
अपने पूर्व जन्म के रिश्ते

आएँगी किसके हिस्से में
काले सिक्कों की बरसातें।

वेला आई पाणि-ग्रहण की
पल में वातावरण तन गया
दल-बल सहित भिड़े नेतागण
देवासुर-संग्राम ठन गया

माइक-नाद दसों-दिस गूँजा
उखड़े तंबू, फटीं कनातें

चला अकड़कर विजयी नेता
कुरसी से करने गठबंधन
शपथ उठाकर जनसेवा की
छल के माथ लगाया चंदन

प्रजाजनों से पाँच वर्ष तक
होंगी अब घातों पर घातें

ओझल हुआ, लिये नेता को
रेला 'बुलेटप्रूफ' कारों का
पीछे-पीछे चला काफिला
वरदीधारी बटमारों का

अश्रुगैस, लाठी, गोली हैं
निर्मम सत्ता की सौगातें।

□

दिल्ली का बाबू

जाने पिछले जन्म में
किए कौन से पाप
दिल्ली में हमको मिली
सर्विस बाबू–छाप।

सर्विस बाबू-छाप
पत्र पत्नी का आया
ओ परदेशी पिया,
हमें काहे बिसराया?

मिली किराए पर हमको
जब एक मियानी,
दिल्ली में आ गई,
हमारे दिल की रानी।

साल बदलता साल में
एक बार श्रीमान
पर हमने दस साल में
बदले बीस मकान।

बदले बीस मकान,
घूमकर दिल्ली भर में
डाला अंतिम डेरा,
जाकर प्रेम नगर में।

□

मन-दरपन में झाँक

मूरख, मन-दरपन में झाँक
तन-कपोत पर सतत गड़ी है काल-श्येन की आँख।

मौत छुरी, जीवन खरबूजा, अंत खिले हर फाँक
दया-धरम की बीज-पोटली, मन खूँटी पर टाँक।

काम अगन, तन चाम-धौंकनी, लौह-नली सम नाक
धन सद्‌बुद्धि, विवेक निहाई, मन लुहार सम आँक।

जोबन धूप, रूप बीहड़ बन, बृथा धूल मत फाँक
विषय-वासना भेड़-बकरियाँ, संयम-लाठी हाँक।

जस जटायु, अपजस जयंत सम, हानि-लाभ दो पाँख
विनय विभीषण, दंभ दशानन, क्रोध बालि की काँख।

'अल्हड़दास' अथिरता मन की कोई सका न आँक
पल में तोला, पल में माशा, पल में सवा छटाँक।

□

रूप निरख मत रीझ

मनवा, रूप निरख मत रीझ
रूप-छलावा फिरे बाँधकर वशीकरण-ताबीज।

पलकें शूल, पुतलियाँ पत्थर, कैसे जाएँ पसीज
जीभ कँटीली नागफनी सम, दाँत कौंच के बीज।

काम-वेग है मर्ज कोढ़ का, क्यों न जाए तन छीज
भोग-ज्वार मिरगी का दौरा, कर बचाव-तजबीज।

प्राणहीन तन कटे पेड़ सम, तुझको कहाँ तमीज
चमड़ी छाल, हड्डियाँ लकड़ी, चेत अरे नाचीज।

जनम कैदघर का दरवाजा, मरण मुक्ति-दहलीज
लाड़ लड़कपन, जुआ जवानी, देख बुढ़ापा खीझ।

'अल्हड़दास' लगे त्यों सबको अपना रूप अजीज
ज्यों फूले कोई भिखमंगा पाकर फटी कमीज।

□

निज औकात न भूल

बंदे, निज औकात न भूल
प्राण गगन का एक पखेरू, देह धरा की धूल।

जीवन घुने काठ की नौका, मोह मलिन मस्तूल
माया लहर महासागर की, हवस हवा प्रतिकूल।

दंभ जीव-भक्षक तरुवर सम, क्रोध तना, मद मूल
राग-द्वेष असि-तुल्य टहनियाँ, छल-प्रपंच फल फूल।

लालच लपट, लोभ ज्वालामुखि, हाथ न झुलस फिजूल
धन-संपत्ति उफनता लावा, बच रे नामाकूल।

काया घिसी-पुरानी खटिया, चरर-मरर हर चूल
शिथिल नसें टूटी जेवड़ियाँ, रहीं धरा तक झूल।

'अल्हड़दास' रचीं रचनाएँ तूने ऊल-जलूल
अमरस तुझको मिले कहाँ से, बोए पेड़ बबूल।

□

मन की आँख न मीच

मितवा, मन की आँख न मीच
द्वार खड़ा, तन-पर्णकुटी के, माया-मृग मारीच।

छुआछूत है रोग छूत का, कौन ऊँच अरु नीच
जाएगा तू हाथ पसारे, आया मुट्ठी भींच।

सहम उठा पल भर को पंकज, निरख ताल की कीच
गुमसुम सा गुणवंत दिखे ज्यों धन-पशुओं के बीच।

सघन छंद-तरु लगा सूखने, काव्य-मंच-मरु बीच
हृदय कूप, आँसू निर्मल जल, नयन-डोलची सींच।

पानी भरने लगे नाव में, धन बरसे घर बीच
देर न कर, कह गए कबीरा, दोनों हाथ उलीच।

'अल्हड़दास' रख दिया तूने, जग का खाका खींच
डाह डुगडुगी, मोह मदारी, मनुज नाचता रीछ।

□

आँख मूँद कर नाच

जोगन, आँख मूँद कर नाच
जग कठपुतली, नाथ नचैया, लय-सुर-ताल न जाँच।

शीतल हवा, धधकती धरती, गगन, वारि अरु आँच
लख चौरासी साँचों में नित ढलें तत्त्व कुल पाँच।

नहीं झूठ के पाँव जगत् में, उड़े पाँख बिन साँच
झूठ स्वयं पल भर में झुलसे, नहीं साँच को आँच।

क्या मिल सका समय से पहले, लेखा-जोखा जाँच
मिले वही जो लिखा भाल पर, भर मत भरम-कुलाँच।

गूढ़ ज्ञान की अधजल गगरी धरकर सीस न नाच
पटक पोथियाँ परे, प्रेम के ढाई आखर बाँच।

'अल्हड़दास' काँच-तन मिथ्या, केवल पानी साँच
पानी चढ़े कहाए दरपन, पानी उतरे काँच।

□

अब तो आँसू पोंछ

पगले, अब तो आँसू पोंछ
बना काल का ग्रास बुलबुला, बृथा बाल मत नोच।

मानव-तन माटी का पुतला, मत कर इतना सोच
कर की चलती नब्ज जिंदगी, मौत पाँव की मोच।

पर्वत पर जा चढ़ीं चींटियाँ, लगी न कहीं खरोंच
गिरते ही मधु के प्याले में प्राण तजे कॉक्रोच।

अपना कफन साथ रख हरदम, तनिक न कर संकोच
मनुज़ मेमना, काल भेड़िया, कब ले तुझे दबोच।

हंस-मीत उड़ चला, चाम को रहे काग-रिपु नोच
देख-देख दुर्गति काया की, श्वान करें संकोच।

'अल्हड़दास' हलाहल रोदन, हँसी सुधा सम सोच
विष पीकर ज्यों रहे चहकती नीलकंठ की चोंच।

□

कलियों के प्यार में

ख़ुशबू न नाम को मिली, फूलों के हार में
पतझड़ का लुत्फ आ गया मुझको बहार में।

दिल्ली की दिलफरेब हवा का है ये असर
टूटी हुई कमान-सी, दुहरी हुई कमर
चश्मा न हो तो ऊँट भी आता नहीं नजर
डॉक्टर निरे गँवार हैं, इनको है क्या खबर।

काँटा हुआ हूँ सूख के, कलियों के प्यार में
पतझड़ का लुत्फ आ गया मुझको बहार में।

अपने ही घर में रहता हूँ अकसर घुटा-घुटा
दफ्तर की उम्रकैद से अब तक न मैं छुटा
सड़कों पे घूमता हूँ मैं गुमसुम, लुटा-लुटा
यारों के संग, शाम का होते ही झुटपुटा।

घुसता हूँ 'रेस्टोरेंट' में, 'कैफे' में, 'बार' में
पतझड़ का लुत्फ आ गया मुझको बहार में।

दिन कट गया तो फिक्र सताती है रैन की
लगती है जिंदगी मुझे गोली कुनैन की
दिन भर हवा तो खाई है, बिजली के 'फैन' की
पर मुझको एक साँस तक आई न चैन की।

जलता हूँ 'बाथ-रूम' की ठंडी फुहार में
पतझड़ का लुत्फ आ गया मुझको बहार में।

चूहा ज्यों थरथराता है, बिल्ली के नाम से
दिल काँपता है ऐसे, दवाओं के दाम से
पप्पू को पेटदर्द है, परसों की शाम से
मेरा भी दम है नाक में, खाँसी-जुकाम से।

मैडम पड़ी हुई हैं, मियादी बुखार में
पतझड़ का लुत्फ आ गया मुझको बहार में।

मेरी सुनहरी उम्र तो सपनों में कट गई
आँखें खुलीं, नसीब से क्लर्की लिपट गई
वो 'स्टेनो' दूर मुझसे, तो कतरा के हट गई
दे उसको 'लिफ्ट' बॉस की नीली 'फियट' गई।

मैं रह गया हूँ ठूँठ-सा, बस की कतार में
पतझड़ का लुत्फ आ गया मुझको बहार में।

□

अपनी निबेड़ तू

क्यों खुद को समझता रहा 'फायर-ब्रिगेड' तू
'तुझको परायी क्या पड़ी, अपनी निबेड़ तू'।

बेटा है तू शरीफ का, मत मुसकरा के चल
टाँगे हैं तेरी बेंत सी, इनको टिका के चल,
सड़कों की भीड़-भाड़ में, कुहनी बचा के चल
कॉलिज के कार्टून, तू नजरें झुका के चल।

लड़की मिले जो राह में, उसको न छेड़ तू
'तुझको परायी क्या पड़ी, अपनी निबेड तू।'

लाला को अपनी ऊँची हवेली से प्यार है
माली को अपनी शोख चमेली से प्यार है
कुढ़ता है क्यों, गुरु को जो चेली से प्यार है
तुझको भी तो बहन की सहेली से प्यार है।

जो तेरे मन में चोर है, उसको खदेड़ तू
'तुझको परायी क्या पड़ी, अपनी निबेड तू।'

ओढ़े था तन पे शॉल सुदामा फटा हुआ
पहने है कोट कल्लू का मामा फटा हुआ

मत हँस किसी का देख के जामा फटा हुआ
तेरा भी तो है देख, पजामा फटा हुआ।

मत दूसरों के सूट की बखिया उधेड़ तू
'तुझको परायी क्या पड़ी, अपनी निबेड़ तू।'

हाँडाजी रोए पर्स गँवाकर तो क्या हुआ
पाँडेजी सोए 'पेग' चढ़ाकर तो क्या हुआ
वर्माजी आए ब्याह रचाकर तो क्या हुआ
शर्माजी लाए नर्स भगाकर तो क्या हुआ।

भेजा न खा, फिजूल के किस्से न छेड़ तू
'तुझको परायी क्या पड़ी, अपनी निबेड़ तू।'

ढल जाए, क्या गरज तुझे बीवी के रूप में
मतलब है सिर्फ तुझको तो बच्चों की 'ट्रूप' से
कैसे इन्हें रिझाएगा, कद्दू के सूप से
किस-किस को तू बचाएगा, कड़की की धूप से।

मत भूल, है खजूर का बेसाया पेड़ तू
'तुझको परायी क्या पड़ी, अपनी निबेड़ तू।'

रहता है हर घड़ी जो हसीनों की ताक में
करता है हाय-हाय जो उनके फिराक में
कहता है लड़कियों को जो लैला मजाक में
जिसकी वजह से दम है मोहल्ले का नाक में।

अपने तो उस सपूत की चमड़ी उधेड़ तू
'तुझको परायी क्या पड़ी, अपनी निबेड़ तू।'

बीवी से और तलाक, मत ऐसा गुनाह कर
फेरे लिये हैं सात, मत इसको तबाह कर
निम्मी से तू न खेल, न सिम्मी की चाह कर
धन्नो ये ही है तेरी, तू इससे निबाह कर।

अनपढ़ समझ के इसको, न घर से खदेड़ तू
'तुझको परायी क्या पड़ी, अपनी निबेड़ तू।'

खुद भी मचल के देख, मचलना इसे सिखा
हाथों में लेके हाथ, टहलना इसे सिखा
फिसले जो पाँव, गिर के सँभलना इसे सिखा
तेरी दुधारू भैंस है, चलना इसे सिखा।

क्यों मारता है यार की घोड़ी को एड़ तू
'तुझको परायी क्या पड़ी, अपनी निबेड़ तू।'

□

आदत नहीं

गीत गा-गा के, सबको हँसाते हैं हम
गालियाँ हमको बकने की आदत नहीं
आशुकवि की तरह, काव्य के मंच पर
ले के 'माइक' चिपकने की आदत नहीं

बेसुरा गा के भी, आप इतना जमे
शोर अब किस तरह, तालियों का थमे
आप जाते हैं तो जाइएगा, हमें
खुद सुनाकर खिसकने की आदत नहीं

आप जितना भी चाहें बिगड़ लीजिए
दोष हम पर जमाने के मढ़ लीजिए
हम हैं पुस्तक खुली, हमको पढ़ लीजिए
अपने ऐबों को ढकने की आदत नहीं

अपने दम पर ही सारे सफर तय किए
बन के दुमछल्ला, जग में कोई क्यों जिए
पीछे-पीछे किसी की अटैची लिये
मंच पर आ धमकने की आदत नहीं

भाग्यशाली तो कवियों में बस आप हैं
सैकड़ों चुटकुलों के सगे बाप हैं
सामने आपके हम 'सुपर-फ्लॉप' हैं
फिर भी हमको सुबकने की आदत नहीं

शारदे माँ, तेरे सुत जुआरी बने
कुछ मठाधीश तो कुछ मदारी बने
हम तो इक तेरे दर के पुजारी बने
हमको दर-दर भटकने की आदत नहीं।

□

ख्वाब में मिनिस्टर

कभी जो ख्वाब में बन जाता मैं मिनिस्टर तो
मजे से रोज दिवाली मना भी सकता था
चिराग घी के जलाता मैं अपने घर, लेकिन
दरे-अवाम के दीपक बुझा भी सकता था।

अजब न था कि मैं कुरसीनशीन होते ही
शिलान्यास और उद्घाटनों में खो रहता
वतनपरस्त अदीबों से तोड़कर नाता
मैं चापलूसों का पिछलग्गुओं का हो रहता।

चुनाव सर पे जो आते, किसी भी सूरत में
मैं जोड़-तोड़ से अपना टिकट बचा जाता
नगर के सेठ, तिजोरी का खोल देते मुँह
चुनाव-फंड अकेले ही मैं पचा जाता।

गला जो सूखने लगता, चुनाव-भाषण में
उँड़ेलकर वहीं, ह्विस्की के घूँट पी लेता
भरी सभा में, विरोधी को जेल भिजवाकर
हजार साल मैं कुरसी के लिए जी लेता।

मगर ये हो न सका और अब तो जीते-जी
किसी भी हाल में मुझसे ये हो नहीं सकता
मैं खुद तो दर्द के सागर में डूब सकता हूँ
पर अपने देश की लुटिया डुबो नहीं सकता।

जमीं पर एक भी आदम है ज़ब तलक भूखा
मैं उड़ के चाँद-सितारों पे जा नहीं सकता,
मेरे पड़ोस में छाया हुआ हो जब मातम
मैं अपने घर में दीवाली मना नहीं सकता।

न मोमबत्ती की 'लाइट', न दीपकों की कतार
रहेगा आज भी खँडहर सा, मेरा घर यों ही,
समाजवाद के सूरज को लग चुका है ग्रहण
उजाले गाँव के, निगलेगा हर शहर यों ही
करूँगा बन के मिनिस्टर मैं क्या हकीकत में

□

हाय मेरी कुरसी

हार बैठा मैं इलेक्शन, बड़ी लाचारी है
राख के ढेर में शोला है, न चिनगारी है।

मेरी कुरसी, मैं तुझे बैठ के, कब तक रोऊँ
दाग तूने जो दिए, उनको कहाँ तक धोऊँ

तू नहीं पास तो फिर चैन से क्यों कर सोऊँ
बोझ इस बढ़ती हुई तोंद का कैसे ढोऊँ?

एक-एक पाँव मेरा अब तो हुआ भारी है
राख के ढेर में शोला है, न चिनगारी है।

तू मिलेगी, था मेरे दिल को भरोसा पक्का
बेवफाई पे तेरी, रह गया हक्का-बक्का
मेरी किस्मत का कहाँ जाम हुआ है चक्का
कोई पिछलग्गू नहीं, कौन लगाए धक्का?

जिंदगी रेत के टीलों में फँसी 'लॉरी' है
राख के ढेर में शोला है, न चिनगारी है।

तेरे ही इश्क में, नोटों की लुटाई ढेरी
पर इलेक्शन में नहीं चल सकी हेराफेरी
हाय, जिस रोज हुई जब्त जमानत मेरी
और नीलाम हुई दूध की जिस दिन डेरी।

पीछे उस दिन से पड़ी 'हार्ट' की बीमारी है
राख के ढेर में शोला है, न चिनगारी है।

ले उड़ा बंबू विरोधी, मेरा तंबू उखड़ा
कौन साला मेरी औलाद को देगा टुकड़ा
किसको मैं अपने इलाके में दिखाऊँ मुखड़ा
कोई हमदर्द नहीं, किसको सुनाऊँ दुखड़ा।

घूरता मुझको मेरे गाँव का पटवारी है
राख के ढेर में शोला है, न चिनगारी है।

सेठ कल्लू ने मेरे घर की करा दी कुड़की
कल मैं हरिद्वार चला जाऊँगा, 'वाया' रुड़की
चायवाले ने मुझे चाय थमा दी गुड़ की
थानेवाले भी सुबह दे गए आकर घुड़की।

पास उनके मेरा वारंट-गिरफ्तारी है
राख के ढेर में शोला है, न चिनगारी है।

□

कुदरत का कमाल

बस्ती के चौकीदार का चोरों से मेल है,
कुदरत का है कमाल, मुकद्दर का खेल है।

धरती पे आपाधापी की आँधी है आजकल
बुलबुल बटेरदास की बाँदी है आजकल

चमगादड़ों की हर जगह चाँदी है आजकल
पायल खुरों में भैंस ने बाँधी है आजकल।

सर में छछूँदरों के चमेली का तेल है,
कुदरत का है कमाल, मुकद्दर का खेल है।

नंगी हुई है देखिए, परदानशीं की पीठ
'कैफे' में, 'डिस्कोथीक' में, खाली नहीं है सीट
मरदों को पीते देख के, माथा न अपना पीट
नाइट-क्लबों में औरतें पीने लगी हैं 'नीट'।

ह्विस्की है, ड्राईजिन है, कहीं कॉकटेल है,
कुदरत का है कमाल, मुकद्दर का खेल है।

गूँगा जो जन्म से है वो ठुमरी सुना रहा
बहरों का झुंड झूम के ताली बजा रहा
लँगड़ा मटक के मंच पे, ठुमके लगा रहा
अंधा उछल के सोनचिरैया दिखा रहा।

लूले ने कस के देखिए, तानी गुलेल है,
कुदरत का है कमाल, मुकद्दर का खेल है

□

राजनेताओं का धारावाहिक चित्रहार

वी.पी. सिंह

दगा दे गया मुझको मंडल
दुश्मन बना जमाना
खिसक गई हाथों से कुरसी
खत्म हुआ अफसाना
राजनीति के इस दंगल में
अब क्या हाथ दिखाना
संन्यासी का अब संसद् में
कैसा ठोर-ठिकाना
'चल उड़ जा, रे पंछी कि
अब ये देश हुआ बेगाना'।

चंद्रशेखर

कल तक थे कार मारुति
अब बन गए हैं ठेले रे!
कैसे भुलाएँ वो दिन
जब साथ मिलके खेले रे!
राजीव, अब तेरे बिन
कटते नहीं हैं ये दिन

‘ओ, दूर के मुसाफिर
हमको भी साथ ले ले रे’!

पी.वी. नरसिम्हा राव

पटाए थे ‘एम.पी.’ करोड़ों लुटाकर
बचाया था कुरसी को बहुमत जुटाकर
बरी कर दिया है अदालत ने लेकिन
मुकद्दर ने मारा कहाँ आज लाकर
पीछे है खाई, आगे कुआँ
‘जाएँ तो जाए कहाँ’?

एच.डी. देवगौड़ा

देखा जो ख्वाब, हुआ पूरा
आ पहुँची घड़ी सुहानी थी
फिर तान चदरिया संसद् में
मैंने सोने की ठानी थी।

बस एक बात पर ही मुझको
सब से ज्यादा हैरानी थी
मेरी कुरसी के लिए व्यर्थ
क्यों इतनी खींचातानी थी?

‘मैं पल दो पल का पी.एम. था
पल दो पल मेरी कहानी थी
पल दो पल में, लँगड़ी-लूली
सरकार लुढ़क ही जानी थी।’

इंद्र कुमार गुजराल

मुझको वैसे कोई गम न था
गम अगर था तो था एक गम
द्रौपदी के तो कुल पाँच थे
मुझको घेरे थे पंद्रह खसम।

माँग जिसने मेरी थी भरी
घाघ था वो मुआ 'केसरी'
घर से बेघर मुझे कर गया
'ऐ मेरे दिल, कहीं और चल
गम की दुनिया से दिल भर गया
ढूँढ़ ले अब कोई घर नया।'

अटल बिहारी वाजपेयी

चलना दूभर हुआ, लग गई घुटनों की बीमारी
'राणावत' ने कहा, करो ऑप्रेशन की तैयारी
अस्पताल में पीछे पड़ गईं नर्सें प्यारी-प्यारी
हाथ जोड़कर मैं चिल्लाया, रक्षा करो मुरारी।

'मैं हूँ बाल ब्रह्मचारी, ये हैं कन्या कुँआरी,
मेरी पत राखो, गिरधारी!'

लाल कृष्ण आडवाणी

'इंडिया शाइनिंग' का नारा नया
लोग क्यों ऐसे नारों पे रीझे नहीं
हमने खुद अपने रथ को घसीटा मगर
नासपीटे ये वोटर पसीजे नहीं

‘करके सब देख डाले जतन साथियो
अब तुम्हारे हवाले वतन साथियो!’

वेंकैया नायडू
‘फील गुड’ का हो गया उलटा असर
हाय, जनमत की उठी ऐसी लहर
रेत के सारे घरोंदे ढह गए
‘दिल के अरमां आँसुओं में बह गए।’

शरद पवार
कूटनीति में पारंगत हम, पंडे सत्ताधाम के
अवसर देख बदलते चोला, बंदे हैं हम काम के
रहे हमेशा ही बुलंद मनसूबे अपने राम के
ओ प्रधानमंत्री की कुरसी, सदके तुझ गुलफाम के
‘तेरी राहों में खड़े हैं दिल थाम के
हाय, हम हैं दीवाने तेरे नाम के।’

सोनिया गांधी
ठुकरा दिया है ताज मगर कोई गम नहीं
मुसकान है लबों पे, मेरी आँख नम नहीं
‘मनमोहन’ जी नेक हैं, चलती रकम नहीं
फिर भी वतन की राह में चैलेंज कम नहीं
मैंने तो रख दिया है कलेजा निकाल के
‘इस देश को रखना मेरे बच्चो सँभाल के।’

मुलायम सिंह यादव
समर्थन सोनिया, तुमको
दिया है बेहिचक मैंने

न डाली घास जिस मायावती
को आज तक मैंने
उसी मायावती से तुम तो
रिश्ता जोड़े जाते हो
'खिलौना जानकर तुम तो
मेरा दिल तोड़े जाते हो।'

मायावती

ये जो 'सी.बी.आई.' का जाल है
मनुवादियों की ही चाल है,
मुझे भाई तुम से डुबो गए
यही इस बहन को मलाल है,
मैंने तुमको बाँधी थी राखियाँ
उन्हें मेरे सामने तोड़ दो।
'मुझे तुमसे कुछ भी न चाहिए
मुझे मेरे हाल पे छोड़ दो।'

जयललिता

नफरत हुई 'प्रमोद' क्यों
इतनी हमारे साथ से
हमको तलाक दे दिया
पहले सुहागरात से।

बैरन 'उमा' के साथ में
'मोदी' भी था बारात में
क्या उसको मुँह दिखाएँगे
'जाने कहाँ गए वो दिन

कहते थे—तेरी राह में
नजरों को हम बिछाएँगे।'

प्रमोद महाजन

डगर मुश्किल हो तो कदमों को
वापस मोड़ना अच्छा
सफर में साथ चलने का
इरादा छोड़ना अच्छा।

वो गठबंधन कि जिसके बोझ को
ढोना हो नामुमकिन
रजामंदी से जयललिताजी
उसको तोड़ना अच्छा।

'चलो, इक बार फिर से
अजनबी बन जाएँ हम दोनों।'

लालू प्रसाद यादव

दिल्ली में है तन, पटना में है मन
हालात की मार निराली है
जीजाजी का जी बहलाने को
साला है, न कोई साली है।

शाम ढलने लगी, हमने अपनी
ललुवाइन को टेलीफोन किया—
'आ जाओ, तड़पते हैं अरमां
अब रात गुजरने वाली है।'

राबड़ी देवी

मैं गई काम से इस उम्र में
'सी.एम.' बनकर
थक चुकी, टूट चुकी थोक में
बच्चे जनकर।

और तकलीफ मुझे,
ऐ मेरे हमराज न दो
'मुझको इस रात की तनहाई में
आवाज न दो···आवाज न दो···
आवाज न दो।'

□

हीरो अड़तीसा

रिश्ता किसी विलेन की साली से जोड़ तू
हीरो बनेगा 'टॉप' का, फिल्मों में दौड़ तू!

कीड़ा है सर में फिल्म का, घर को उजाड़ दे
कॉपी को बेच डाल, किताबों को फाड़ दे
टोके तुझे जो प्रिंसिपल, उसको लताड़ दे
प्रोफेसरों का पीट के, हुलिया बिगाड़ दे।

'ट्यूटर' की टाँग तोड़ दे, कालिज को छोड़ तू
हीरो बनेगा 'टॉप' का, फिल्मों में दौड़ तू।

पढ़-लिख के बेटे, तू कहाँ पाएगा नौकरी
अब 'एम.ए.' पास तक यहाँ ढोते हैं टोकरी
सीटी बजा के छेड़, पड़ोसिन की छोकरी
लोफर कहे जो, उसको दिखा अपनी लोफरी।

खलनायकों की ठाठ से गरदन मरोड़ तू
हीरो बनेगा 'टॉप' का, फिल्मों में दौड़ तू!

कॉलेज की लड़कियों को तू उल्लू बनाना सीख
बनकर 'लवर' तू प्यार का चक्कर चलाना सीख

केबिन में रेस्टोरेंट के, मिलना-मिलाना सीख
पैरों से अपने उनका अँगूठा दबाना सीख।

'हिस्ट्री' से या हिसाब से, माथा न फोड़ तू
हीरो बनेगा 'टॉप' का, फिल्मों में दौड़ तू।

मुंबई पहुँच के तू खड़ी मजनू की खाट कर
रोमांस पूरे गिन के, महीने में साठ कर
मुंडन-पुराण का सुबह उठते ही पाठ कर
बिन उस्तरे के खोपड़ी सबकी सपाट कर।

प्रोड्यूसरों की जेब को कसकर निचोड़ तू
हीरो बनेगा 'टॉप' का, फिल्मों में दौड़ तू।

पेरिस से बेटे, पीस मँगाना तू सूट का
'लक्कड़ हजम' से माल पचाना तू लूट का
ढाँचे से चाहे लगता हो ताऊ तू ऊँट का
जी भर के लूटना मजा चुंबन की छूट का।

ऐसे सुनहरे चांस को हरगिज ने छोड़ तू
हीरो बनेगा 'टॉप' का, फिल्मों में दौड़ तू।

□

हर हाल में खुश हैं

केरल से जो पत्ता कटा गढ़वाल में खुश हैं,
पूरे हैं वो ही मर्द जो हर हाल में खुश हैं।

कुरसी जो छिनी टूटी हुई खाट पे बैठे,
बग्घी जो बिकी हँस के बुलक कार्ट पे बैठे।
नीलाम गलीचा जो हुआ टाट पे बैठे,
घर के न रहे जाके किसी घाट पे बैठे।

मृगछाल बिछा दी तो वो मृगछाल में खुश हैं,
पूरे हैं वो ही मर्द जो हर हाल में खुश हैं।

होटल से निकाला तो किसी पार्क में पहुँचे
'लाइट' से भगाया तो कहीं 'डार्क' में पहुँचे
'एयर' से उड़ाया तो वो न्यूयॉर्क में पहुँचे
पेरिस में, शिकागो में वो डेनमार्क में पहुँचे।

करनाल में पटका तो वो करनाल में खुश हैं,
पूरे हैं वो ही मर्द जो हर हाल में खुश हैं।

कैदी जो बने, फर्शे-हवालात पे सोए
तकिया न मिला, सर को टिका हाथ पे सोए

ऊपर जो चढ़े, ऊँचे मकानात पे सोए
फुटपाथ पे फेंका तो वो फुटपाथ पे सोए।

घुड़साल में रक्खा तो वो घुड़साल में खुश हैं,
पूरे हैं वो ही मर्द जो हर हाल में खुश हैं।

अफसर जो लगाया वो नई कार में बैठे
एम.पी. जो बने, फ्लैट हवादार में बैठे
मुफलिस जो हुए, साया ए दीवार में बैठे
मुर्गी जो फँसी, जाके किसी 'बार' में बैठे।

चौपाल में हुक्का पिया, चौपाल में खुश हैं,
पूरे हैं वो ही मर्द जो हर हाल में खुश हैं।

दीवाला जो निकला तो दुकां छोड़ के भागे
यारों को पड़ी क्या कि कहाँ छोड़ के भागे
मालिक से जो खटकी तो मकां छोड़ के भागे
जमदूत को देखे तो जहाँ छोड़ के भागे।

ससुराल में जाकर टिके, ससुराल में खुश हैं,
पूरे हैं वो ही मर्द जो हर हाल में खुश हैं।

रबड़ी की मिली प्लेट तो फूले न समाए
खुरचन के चढ़े रेट तो फूले न समाए
घर ले के चला सेठ तो फूले न समाए
पीटा जो कभी पेट तो फूले न समाए।

हलुवे का मिला थाल, उसी थाल में खुश हैं,
पूरे हैं वो ही मर्द जो हर हाल में खुश हैं।

पूरी जो मिली घी में तली चाव से खाई
रोटी भी अँगीठी को जला चाव से खाई
बालू की भुनी मूँगफली, चाव से खाई
खिचड़ी भी लगी उनको भली, चाव से खाई।

अरहर की मिली दाल, उसी दाल में खुश हैं,
पूरे हैं वो ही मर्द जो हर हाल में खुश हैं।

खाने को मिला आम जो चौसा तो उठे झूम
चटनी से उड़ाया जो समोसा तो उठे झूम
भाभी ने अगर भात परोसा तो उठे झूम
बीवी ने बढ़ी तोंद को कोसा तो उठे झूम।

कंकाल-सा ढाँचा मिला, कंकाल से खुश हैं,
पूरे हैं वो ही मर्द जो हर हाल में खुश हैं।

जंगल में मिला ठूँठ, बड़े प्यार से चूमा
खेतों में मिला ऊँट, बड़े प्यार से चूमा
शादी में मिला सूट, बड़े प्यार से चूमा
गौने में मिला बूट, बड़े प्यार से चूमा।

रूमाल मिला तो उसी रूमाल में खुश हैं,
पूरे हैं वो ही मर्द जो हर हाल में खुश हैं।

धुलने जो गई शर्ट न लौटी तो किया सब्र
पतलून सिकुड़कर हुई छोटी तो किया सब्र
निक्कर जो फटी, जीन की मोटी तो किया सब्र
तन पर जो बची सिर्फ लँगोटी तो किया सब्र।

रेशम का मिला शॉल, उसी शॉल में खुश हैं,
पूरे हैं वो ही मर्द जो हर हाल में खुश हैं।

हरियाणा में खेली जो कबड्डी तो हँसे खूब
दो टुकड़े हुई टाँग की हड्डी तो हँसे खूब
कुश्ती जो लड़ी पहन के चड्ढी तो हँसे खूब
हाकी में हुए सबसे फिसड्डी तो हँसे खूब।

फुटबॉल का चस्का लगा, फुटबॉल में खुश हैं,
पूरे हैं वो ही मर्द जो हर हाल में खुश हैं।

बदली जो हुई गाँव से सौ मील तो उछले
बीवी ने जुदाई को किया 'फील' तो उछले
झाँसी जो चले होके वो तब्दील तो उछले
करनी जो पड़ी हुक्म की तामील तो उछले

भोपाल में भेजा तो वो भोपाल में खुश हैं,
पूरे हैं वो ही मर्द जो हर हाल में खुश हैं।

निकले जो कमेटी से किसी बैंक में गुजरी
पाउंड में डॉलर में कभी फ्रेंच में गुजरी

फौजी जो बने, 'फील्ड' में या 'टैंक' में गुजरी
पाई जो 'प्रमोशन' तो नए 'रैंक' में गुजरी।

टकसाल में चिपके तो वो टकसाल में खुश हैं,
पूरे हैं वो ही मर्द जो हर हाल में खुश हैं।

कविता से छिड़ा उनका जो रोमांस तो चमके
अपनाना पड़ा, पेश-ए-'फ्रीलांस' तो चमके
ऐक्टिंग का कभी उनको मिला चांस तो चमके
मटका के जो कूल्हों को किया डांस तो चमके।

कव्वाल बने, पेशा-ए-कव्वाल में खुश हैं,
पूरे हैं वो ही मर्द जो हर हाल में खुश हैं।

टप्पे जो कभी उनको सुनाए तो कहा वाह
ठुमरी के अगर बोल उठाए तो कहा वाह
सुर भीमपलासी के लगाए तो कहा वाह
तबले पे अगर हाथ दिखाए तो कहा वाह!

झपताल बजा दी तो वो झपताल में खुश हैं,
पूरे हैं वो ही मर्द जो हर हाल में खुश हैं।

शादी जो रचाई वो हनीमून से लौटे
ज्यों सर को मुँड़ाके कोई सैलून से लौटे
बर्मा जो गए, घूम के रंगून से लौटे
भेजा जो 'अपोलो' में तो वो 'मून' से लौटे।

पाताल में पटका तो वो पाताल में खुश हैं,
पूरे हैं वो ही मर्द जो हर हाल में खुश हैं।

आँधी जो किसी रात चढ़ी, चैन से सोए
तूफान की रफ्तार बढ़ी, चैन से सोए
सूखा हो कि सावन की झड़ी चैन से सोए
बिजली जो पड़ोसी पे पड़ी चैन से सोए।

भूचाल जो आया तो वो भूचाल में खुश हैं,
पूरे हैं वो ही मर्द जो हर हाल में खुश हैं।

भजनों में, तरानों में, हैं सत्संग में आगे
दुश्मन से लड़ाई हो तो हैं जंग में आगे
हैं बंद में, घेराव में, हुड़दंग में आगे
जिस रंग में रँग डाला, उसी रंग में आगे।

हड़ताल करा दी तो वो हड़ताल में खुश हैं,
पूरे हैं वो ही मर्द जो हर हाल में खुश हैं।

□

खतरे का भोंपू

मारे डर के, अब तो अपना
खून जम जाने को है,
सात चिलबच्चे हैं घर में
आठवाँ आने को है।

मंत्र पढ़वाए जो पंडित ने
वो हम पढ़ने लगे
यानी 'मैरिज' की कुतुबमीनार
पर चढ़ने लगे।

आए दिन मिरगी के फिर
दौरे हमें पड़ने लगे
'इनकम' उतनी ही रही
बच्चे मगर बढ़ने लगे।

क्या करें हम, सर से अब
पानी गुजर जाने को है
सात चिलबच्चे हैं घर में
आठवाँ आने को है।

घर में बस खाली कनस्तर के
सिवा कुछ भी नहीं
जा-ब-जा, उखड़े पलस्तर के
सिवा कुछ भी नहीं।

खिड़की दरवाजे कहाँ दर के
सिवा कुछ भी नहीं
अपने घर में दोस्तों घर के
सिवा कुछ भी नहीं।

एक तीली आपकी सिगरेट
सुलगाने को है

सात चिलबच्चे हैं घर में
आठवाँ आने को है।

कोई गुंजाइश नहीं घर
हो गया बच्चों से पैक
खोपड़ी अपनी फिरी भेजा
हुआ बीबी का क्रैक
खंदकें खोदें कहीं छुपकर
बचाएँ अपनी बैक
होने ही वाला है हम पर
आठवाँ 'एयर अटैक'।

घर में फिर खतरे का भोंपू
भैरवी गाने को है
सात चिलबच्चे हैं घर में
आठवाँ आने को है।

□

कविता के सिवा...

जोकर की तरह मंच पे दिखना नहीं आया,
कविता के सिवा कुछ हमें लिखना नहीं आया।

इस शहर से किस तरह सलामत कोई लौटे
हर मोड़ पे मिलते हैं मुखौटे ही मुखौटे
तानों की ये बौछार कहाँ तक कोई ओटे
हर तौर से समझा चुके हमको बड़े-छोटे,

पहलू में मठाधीश के, टिकना नहीं आया,
कविता के सिवा कुछ हमें लिखना नहीं आया।

गुरुओं को सदा हमने इसी फिक्र में देखा
छिन जाए न पल्ले से किसी मंच का ठेका
चेलों के चमत्कार का, मत पूछिए लेखा
जिस घर में लगी आग, वहीं जिस्म को सेंका।

हम कूद पड़े आग में, सिंकना नहीं आया,
कविता के सिवा कुछ हमें लिखना नहीं आया।

पशुओं के भी मेलों में कई रात हैं जागे
पर बीन बजा पाए नहीं भैंस के आगे

पाँवों को कहाँ बाँध सके स्वार्थ के धागे
कविताएँ पढ़ीं और शहर छोड़ के भागे।

दाताओं की दहलीज पे टिकना नहीं आया,
कविता के सिवा कुछ हमें लिखना नहीं आया।

भादों में न दीखे हरे, सावन में न सूखे
बौराए नहीं सुख में, न दुर्दिन कभी दूखे
प्यासे न तआरुफ के, न तारीफ के भूखे
खुद शाह मुकाबिल हों या दरबारी बिजूके।

होंठों पे कसीदा कोई चिकना नहीं आया,
कविता के सिवा कुछ हमें लिखना नहीं आया।

समझा नहीं शोहरत को कभी अपनी बपौती
पहनी नहीं अचकन, कभी बाँधी नहीं धोती
मुट्ठी में दलालों के, न आया कभी मोती
किस मुँह से हड़पते वो कमीशन या कटौती।

मंडी में किसी भाव पे बिकना नहीं आया,
कविता के सिवा कुछ हमें लिखना नहीं आया।

□

म्हारा बाळकपण (हरियाणवी)

ढळी जवानी, आया बुढ़ापा
बिछड़े साथ कई
बाळकपण की आज सुणों भई
बीती बात कई।

चाले पढण, पहर कै लत्ते
रेजी के माड़े
गोड्डाँ ताहीं लटकैं थे म्हारे
कच्छे के नाड़े

आळ करी तो मुंशी जी नै
रूल कई झाड़े
बीस कायदे हमनै कच्ची
पहली में फाड़े

रोज-रोज हम तोड्या करते
कलम-दावत कई
बाळकपण की आज सुणो भई
बीती बात गई।

लुका-छिपी, किल-किल-काँटे के
खेल घणे खेले
छेड़े कई बिजार, मार कै
माटी के ढेले

कस कै लंगर, बणगे दुल्ली
पंडे के चेले
खूब लगाई उठक-बैठक
डंड घणे पेले

डोर-पतंग लूटतां, फोड़ी
काची छात कई
बाळकपण की आज सुणो, भई
बीती बात कई

सेठ छदंमी के कूवे के
गुण हमनै गाए
पाणी-भरे खेळकोट्ठे में
कूद-कूद न्हाए

लागी भूख, दूधिया सिरटे
भून-भून खाए
करी रुखाळी, खड़े खेत की
कदे ना घबराए

भैंस ओपरी घुसी खेत में
मारी लात कई

बाळकपण की आज सुणो, भई
बीती बात कई

तोड़े चिल्लू बेर घणे
जंगल की झाड़ी के
खाए कचरे और फूट
मँगतू की बाड़ी के

पान गजब के होवैं थे
हरजी पनवाड़ी के
ठाठ अजब थे, ईसर नाई
निखद अनाड़ी के

टेलर–मास्टर बणे फिरैं थे
भोंदूनाथ कई
बाळकपण की आज सुणो, भई
बीती बात कई।

कला और मूरती, ब्याह में
पूरी बेलैं थी
अंगूरी, नानगी, भतेरी
गिट्टे खेलैं थीं

संता और गिंदोड़ी, इक–दूजी
नै ठेलैं थीं
टंकी में, पाणी के भर–भर
मांट उँडेलैं थीं

बन्ना-बन्नी, गाया करतीं
मिल कै साथ कई
बाळकपण की आज सुणो, भई
बीती बात कई।

नाम याद सै इब तक, यारो
नाण चमेली का
नक्सा याद जौहरी की
तिक्खणी हबेली का

भूले कोन्या स्वाद करारी
गुड़ की भेली का
सपने में पकवान, कदे ना
देख्या रेली का

असली घी-बूरा-चावळ खा
चढ़े बरात कई
बाळकपण की आज सुणो, भई
बीती बात कई।

चौमासे में पकी निंबोली
खूब चर्‌या करते
होळी पै, रळ-मिल कै, सारे
साँग भर्‌या करते

छिप-छिप के, भाबी दड़कां तै
छेड़ कर्‌या करते

ताई मोटळी की छाया तै
घणे डर्या करते

अपणी कनपटियाँ पै खाए
उसके हाथ कई
बालकपण की आज सुणो, भई
बीती बात कई।

□

श्री 'अमिताभ' चालीसा

पाँव पकरि गुरु 'व्यास' के निज आचरण सुधारि।
बरनउं श्री 'अमिताभ' यश जो गूँजै दिसि चारि॥

सदियों में लेता जनम ऐसा 'सुपर-स्टार'।
भिड़कर जिससे 'बहुगुणा' गए 'इलेक्शन' हार॥

जय 'अमिताभ' नवल नटनागर।
फिल्म-जगत् की फोड़ी गागर॥
जय 'राजीव'-सखा अभिरामा।
'बच्चन'-तनय, 'अमित' लघुनामा॥
बदन सींकिया, छवि बहुरंगी।
तिरछी नजर तकें तन्वंगी॥
'क्लीन-शेव्ड', गरदन-कट केशा।
फला तुम्हें 'ऐक्टिंग' का पेशा॥
माथे पर आतंक विराजै।
काँधे सदा 'स्टेनगन' साजै॥

तुमरे फैन 'इंदिरा'-नंदन।
आज बंबई, कल तुम लंदन॥
तुम संभ्रांत 'कुली' अति चातुर।
तीस लाख लेने को आतुर॥
तन से रोगी, मन से रसिया।
अभिनेत्री 'रेखा' मन-बसिया॥
सूक्ष्म रूप धर 'जया' रिझावा।
विकट रूप धर 'शत्रु' हरावा॥
'पी. चिदंबरम' राह निहारे।
तुमको 'के.सी. पंत' पुकारे॥

जीत इलेक्शन जब तुम आए।
श्री 'राजीव' हरषि उर लाए॥

‘बच्चन’ कीन्ही बहुत बड़ाई।
फूलो-फलो सदा दोउ भाई॥
पत्रकार तुम्हरो जस गावैं।
अस कहि ‘तेजी’ कंठ लगावैं॥
धर ‘अजिताभ’ जेब में वीसा।
चला बिदेस, नवाकर सीसा॥
‘सुपर-स्टार’ होने के नाते।
कवियों से सौगुना कमाते॥

अति उपकार ‘अजित’ पर कीन्हा।
स्विट्जरलैंड ‘फ्लैट’ ले दीन्हा॥
कुल किस्सा अखबार बखाना।
तब यह भेद सकल जग जाना॥
है ‘दिलीप’ जुगनू, तुम भानू।
तुलना करे ‘सायरा बानू’॥
‘श्रीदेवी’ सोचे मन माहीं।
तुम-सा ‘लवर’ दूसरा नाहीं॥
संगी-साथी, मीत चहेते।
आठों पहर बलैया लेते॥

तुम ‘राजीव’-द्वार रखवारे।
अनगिन ‘भगत’ खड़े मन मारे॥
जो भी चाहें दरसन करना।
झुककर परें, तुम्हारे चरना॥

‘माथुर’ खड़ा द्वार पर टापै।
तुम्हें देख ‘अर्जुन सिंह’ काँपै॥
‘आरिफ’, ‘अरुण’ निकट नहिं आवैं।
‘बूटा सिंह’ तुमसे घबरावैं॥
बड़े-बड़े बाँके बलवीरा।
रगड़े काटि-काटि जिमि खीरा॥

जो तुम पर छापा मरवावै।
वित्त-मंत्रिपद तुरत गँवावै॥
‘वी.पी. सिंह’ मांडे, का राजा।
तुमसे भिड़ा, बज गया बाजा॥
संकट कोई जिस पर आवै।
तुमको सुमिर, साफ बच जावै॥
परम विशिष्ट प्रताप तुम्हारा।
करें ‘भजन’ जी जाप तुम्हारा॥
आरति ‘बंसीलाल’ उतारे—
‘शीघ्र हरो प्रभु, कष्ट हमारे’॥

जुग-जुग जिओ, ‘अजित’ के भ्राता।
वर दे गईं ‘इंदिरा’ माता॥
कार, कोठियाँ तुमरे पासा।
रहो ‘सोनिया’-पति के दासा॥
तुम्हरी फिल्म तुम्हीं को भावैं।
दर्शक, ‘बोर-बोर’ चिल्लावैं॥

चंगू से, ले दीया–सलाई।
मंगू ने बीड़ी सुलगाई॥
तब जाकर कछु ठंडक परई।
बीड़ी सकल बोरियत हरई॥

'प्रोड्यूसर' सब बने फकीरा।
'व्हिस्की' छोड़, पिएँ जलजीरा॥
विनय सुनो, 'अमिताभ' गुस्साईं।
तजो फिल्म, संसद् की नाईं॥
'शहंशाह' की दुर्गति होई।
वितरक की कुल रकम डुबोई॥
पढ़ै नित्य जो यह चालीसा।
काव्य–मंच पर जमे दही–सा॥
जो कवि कहा न मानै मेरा।
पुनर्जनम में बनै बटेरा॥

कवि 'अल्हड़' विनती करैं जला दीप अरु धूप।
सब कवियों को सुत मिलैं 'बच्चन'–सुत अनुरूप॥

□

गुरु-वंदना

तुम शांत तपोवन हो, गुरुवर
मैं नौचंदी का मेला हूँ
मत तुझको मजमेबाज कहो
गुरुदेव, तुम्हारा चेला हूँ।

कुछ बरस हुए तुकबंदी का
जब मुझ पर भूत सवार हुआ
तब तुम्हें थोक में मिली दाद
पर मेरा बंटाढार हुआ।

उस घड़ी हुआ आभास मुझे
तुम 'सुपरफास्ट', मैं ठेला हूँ
मत मुझको मजमेबाज कहो
गुरुदेव, तुम्हारा चेला हूँ।

नारियल, नोट, पगड़ी देकर
मैं तभी तुम्हारा शिष्य बना
तुम वर्तमान से बने भूत
मेरा चिर-सुखद भविष्य बना।

तुम सर्जक सहज हास्य के हो
मैं व्यंग्यकार अलबेला हूँ
मत मुझको मजमेबाज कहो
गुरुदेव, तुम्हारा चेला हूँ।

निर्गुटानंद हूँ, हर कोई
निज गुट में मुझे घसीट रहा
संस्मरण लिख रहे तुम, गुरुवर
मैं कवि-सम्मेलन पीट रहा।

तुम शुद्ध स्वर्ण के बिस्कुट हो
पर मैं मिट्‌टी का ढेला हूँ
मत मुझको मजमेबाज कहो
गुरुदेव, तुम्हारा चेला हूँ।

ढीले साँचे में ढला हुआ
ढाँचा है मेरा लुंज-पुंज
मैं मरुथल का नीरस बबूल
तुम नंदनवन के हो निकुंज।

तुमसे लिपटी नवलतिकाएँ
लेकिन मैं ठूँठ अकेला हूँ
मत मुझको मजमेबाज कहो
गुरुदेव, तुम्हारा चेला हूँ।

□

चुनाव घोषणा-पत्र

जो बुड्ढे खूसट नेता हैं
तुम उन्हें भाड़ में जाने दो
बस एक बार, बस एक बार
मुझको सरकार बनाने दो।

मेरे भाषण के डंडे से
भागेगा भूत गरीबी का
मेरा वक्तव्य पढ़ें तो झगड़ा
मिटे, मियाँ और बीबी का।
मेरे आश्वासन का 'टॉनिक'
यदि आँख मूँदकर पी जाए
हर पहलवान को करे चित्त
'पेशेंट' पुरानी टी.बी. का।
मरियल से वोटर को मीठे
वादों का शहद चटाने दो
बस एक बार, बस एक बार
मुझको सरकार 'बनाने दो।

जो कत्ल किसी का कर देगा
मैं उसको बरी कर दूँगा

हर घिसी-पिटी हीरोइन की
'प्लास्टिक-सर्जरी' करा दूँगा
लड़के, लड़की, 'लेक्चरर' सभी
बस फिल्मी गाने गाएँगे
हर कालिज में, 'पीरियड' फिल्म
का, 'कंपलसरी' करा दूँगा
'हिस्ट्री' के हैं जो प्रोफेसर
उनको 'सस्पेंड' कराने दो।
बस एक बार, बस एक बार
मुझको सरकार बनाने दो।

कालिज में दाखिल होना हो
तत्काल 'सोर्स' मिल जाएगा
घर में पढ़नेवालों को
पत्राचार-कोर्स मिल जाएगा
जिन लैला और मजनुंओं ने
'लव-मैरिज' की हो अभी-अभी
वे आज मना लें हनीमून
कल 'डाइवोर्स' मिल जाएगा
पत्नी से पिटनेवाले पति
को 'पद्मश्री' दिलवाने दो।
बस एक बार, बस एक बार
मुझको सरकार बनाने दो।

जो हँसना चाहें, हँस लेंगे
जो रोना चाहें, रो लेंगे
हिंदी, इंगलिश का झगड़ा क्या

सब खिचड़ी भाषा बोलेंगे
बस की लाइन में, मिला
करेगी पाकिटमारी की 'ट्रेनिंग'
सब यात्री, अपने से अगले
यात्री की जेब टटोलेंगे
चोरों का और डाकुओं का
राष्ट्रीयकरण करवाने दो।
बस एक बार, बस एक बार
मुझको सरकार बनाने दो।

जो बिलकुल फक्कड़ हैं उनको
राशन उधार तुलवा दूँगा
जो लोग पियक्कड़ हैं उनके
घर में ठेके खुलवा दूँगा
जिस रोगी को उठवा न सकी
घर से, सरकारी 'एंबुलेंस'
मैं उसकी नब्ज छूटते ही
मुर्दागाड़ी बुलवा दूँगा
मैं जनसेवक हूँ, मुझको भी
इतना तो पुण्य कमाने दो।
बस एक बार, बस एक बार
मुझको सरकार बनाने दो

श्रोता आपस में मरें-कटें
कवियों में फूट नहीं होगी
कवि-सम्मेलन में कोई भी
कवयित्री 'हूट' नहीं होगी

कवि के प्रत्येक शब्द पर जो
तालियाँ न खुलकर बजा सकें
ऐसे मनहूसों को, कविता
सुनने की छूट नहीं होगी

हर 'हूटर' पर ढाई हजार
का 'हूटिंग-टैक्स' लगाने दो।
बस एक बार, बस एक बार
मुझको सरकार बनाने दो।

□

चमत्कार चमचों के

पीछे-पीछे चले, वही है चमचा असली
पड़ जाए जो गले, वही है चमचा असली

सटा-सटा कर चोंच, बॉस की कनपटियों से
कानाफूसी घड़ी-घड़ी करते हैं चमचे
किसी बॉस को घास नहीं डाले जो घोंचू
चुगली उसकी खूब कड़ी करते हैं चमचे

वक्त अगर आ पड़े नाक अपनी कटवाकर
बड़े बॉस की नाक बड़ी करते हैं चमचे
चाहे हों दरबान, मगर दक्षिण दिल्ली में
कोठी आलीशान खड़ी करते हैं चमचे

प्रति-पल फूले-फले, वही है चमचा असली
पड़ जाए जो गले, वही है चमचा असली।

चलते-फिरते, चालबाज, चालू चमचे की
होती है हर अदा, एक से एक निराली
छाती पर हो बॉस, कहेगा—'यह सर, यर सर'
फिर बॉस की पीठ, बकेगा जमकर गाली

टुल्ल हो गया बॉस, 'बर्थ-डे' पर, चमचे के
चमचा हुआ प्रफुल्ल, सूँघकर बोतल खाली
अगले दिन का दृश्य देख, दफ्तर चकराया
'टाइपिस्ट' लग गई, उसी चमचे की साली

ताजा मछली तले, वही है चमचा असली
पड़ जाए जो गले, वही है चमचा असली।

महानगर के बड़े-बड़े बँगलों से लेकर
कस्बों तक अब फैल चुकी खुशबू चमचों की
अगर भैंस के लिए 'लोन' की तुझे जरूरत
भागादौड़ी छोड़, जूतियाँ छू चमचों की

पटना की हम तुझे सुनाएँ सच्ची घटना
जिसको सुन, तारीफ करेगा तू चमचों की
पूँजीपति था एक, पड़ा जब उस पर छापा
हथकड़ियों के लिए, लग गई 'क्यू' चमचों की

टुकड़ों पर जो पले, वही है चमचा असली
पड़ जाए जो गले, वही है चमचा असली।

हिंदी के आधुनिक काव्य-मंचो पर देखें
चेहरे, चम-चम चमक रहे, चौकस चमचों के
'दिनकर' की हुंकार कहाँ, अब कहाँ 'निराला'
सहने को रह गए चोंचले, बस चमचों के

कवि-सम्मेलन एक, चल रहा था काशी में
जमे हुए थे गुरु, बीच में दस चमचों के
लगी मंच पर प्यास, गुरु ने माँगा पानी
मदिरा लेकर दौड़ पड़े, थर्मस चमचों के

हँसकर पंखा झलें, वही है चमचा असली
पड़ जाए जो गले, वही है चमचा असली।

चचा विधायक बने, जा बसे चंडीगढ़ में
अनपढ़ था, रह गया खेत में खड़ा भतीजा
ली, सरसों के शुद्ध तेल की, पूरी पीपी
पानीपत से 'मेल ट्रेन' में चढ़ा भतीजा

जहाँ चचा के चरण, बिछा दी वही चटाई
यानी सचमुच, होनहार था बड़ा भतीजा
हाँक रहा है, बिन लाठी, अब खाद्य-निगम को
बन कर 'चैयरमैन', वही बेपढ़ा भतीजा

तेल मुफ्त का मले, वही है चमचा असली
पड़ जाए जो गले, वही है चमचा असली।

अभिनंदन हो रहा आज, चमचों का लेकिन
हमसे यह मत पूछ कि हम क्यों यहाँ पधारे
लगा साठवाँ साल, रहे अल्हड़ के अल्हड़
सीख सकें यह कला, कहाँ सौभाग्य हमारे

चमचे खुद ही खोज रहे थे ऐसे कवि को
चमचों पर जो करे मुफ्त में कागद का कारे
हम ठहरे खुद्दार, करेंगे सही खिंचाई
कान खोलकर सुनें, देश के चमचे सारे

खुद्दारों को खले, वही है चमचा असली
पड़ जाए जो गले, वही है चमचा असली।

□

मूसलचंद

घनचक्कर घोषित कर डालो
चाहे समझो मतिमंद मुझे
तुम जिसे महाकवि कहते हो
लगता है मूसलचंद मुझे।

हिन्दी के कवियों में उसकी
कैसी है छवि, मैं क्या जानूँ
जो नौकर चार टके का हो
मैं उसे महाकवि क्यों मानूँ?

हूँ मैं तो साँप, छँछूंदर-से
लगते हैं उसके छंद मुझे
तुम जिसे महाकवि कहते हो
लगता है मूसलचंद मुझे।

जीवन भर देश-विदेशों में
वह घुग्घू-सा घूमा होगा
उसकी कविता के चरणों को
घसियारों ने चूमा होगा।

हूँ अफसर मैं, उस घोंचू की
कविताएँ कहाँ पसंद मुझे
तुम जिसें महाकवि कहते हो
लगता है मूसलचंद मुझे।

अवगुण जिसमें अनगिनत भरे
तुम क्यों उसके गुण गाते हो
जो खटिया मेरी खड़ी करे
क्यों सज्जन उसे बताते हो?

चाहिए नहीं इस दफ्तर में
उसके जैसा तुकबंद मुझे
तुम जिसे महाकवि कहते हो
लगता है मूसलचंदर मुझे।

चिंता दफ्तर की नहीं जिसे
करता हो अपनी मनमर्जी
भिजवा देता हो जब चाहे
जो घर से छुट्टी की अर्जी।

ऐसों की टाँग खींचने में
मिलता है परमानंद मुझे
तुम जिसे महाकवि कहते हो
लगता है मूसलचंद मुझे।

जिसका पद, छोटा हो मुझसे
किस लिए करूँ उसकी पूजा

जो भाड़ झोंकता रहा सदा
मैं उसे कहूँगा भड़भूँजा।

इतनी हैसियत कहाँ उसकी
जो कहे भड़भड़ानंद मुझे
तुम जिसे महाकवि कहते हो
लगता है मूसलचंद मुझे।

खादी का कुरता पहने वह
दिखता है महाफटीचर-सा
यदि शॉल ओढ़कर आए तो
लगता है मुझे शनीचर-सा।

हूँ मैं रेशम का सूट, टाट
का लगता वह पैबंद मुझे
तुम जिसे महाकवि कहते हो
लगता है मूलसचंद मुझे।

है उसकी कहाँ मजाल, उठाए
परदा मेरे 'चेंबर' का
वह 'टी.वी.' पर दिख जाए
फोड़ दूँ 'टी.वी.' मैं अपने घर का।

थोबड़ा न उसका देखूँगा
है बीवी की सौगंध मुझे
तुम जिसे 'महाकवि' कहते हो
लगता है मूसलचंद मुझे। □

इक्कीसवीं सदी में

क्या पाएगा जाकर, बेटे
इक्कीसवीं सदी में
घास चरेगा, लेटे-लेटे
इक्कीसवीं सदी में।

तार-तार धोती पंडित की
शाप तुझे देती है
घूमेगा अखबार लपेटे
इक्कीसवीं सदी में।

होश नई पीढ़ी खोएगी
इक्कीसवीं सदी में
बीज धतूरे के बोएगी
इक्कीसवीं सदी में।

प्रतिभावान—दंड पेलेंगे
इमली के पत्ते पर
भैंस गलीचे पर सोएगी
इक्कीसवीं सदी में।

दूषित पर्यावरण मिलेगा
इक्कीसवीं सदी में
धुआँ ट्रकों का नहीं झिलेगा
इक्कीसवीं सदी में।

चौराहों पर चिल्लाएगी
पुलिसमैन की सीटी
'ट्रैफिक' बिलकुल नहीं हिलेगा
इक्कीसवीं सदी में।

मंत्री को अफसर डाँटेगा
इक्कीसवीं सदी में
लड्डू टाइपिस्ट बाँटेगा
इक्कीसवीं सदी में।

मंत्रीजी, निज कर-कमलों से
पेश करेंगे कैंची
फीता चपरासी काटेगा
इक्कीसवीं सदी में।

□

पूनम का चाँद

पूनम का था चाँद, पड़ोसी की छत पर
अपने घर में किंतु अमावस थी काली,
मनुहारों के बाद मनी थी—'मिस निंदिया'
भेजा खाने लगी अचानक घरवाली।

'क्यों रहते हो खिंचे-खिंचे मुझसे, प्रियतम
बोलो, मेरी बात कौन सी खटक गई?
किस कुलटा के प्रेमजाल में उलझ गए
किस चुड़ैल पर नजर तुम्हारी अटक गई?

एक सौत कल आई थी, मिलने तुमसे
हँसकर अपना नाम बताया था-रीता
सच बोलो, क्या हुए उसी पर तुम लट्टू
गाते हो क्या उसी कलमुँही की गीता।

लिया प्यार से नाम तुम्हारा जब उसने
मैंने उसको भगा दिया देकर धक्के
चोरी-चोरी उसे दिखाते हो पिक्चर
जान गई मैं दगाबाज हो तुम पक्के।

बुद्धि हो गई भ्रष्ट तुम्हारी, हे कविवर
बातें ऊल-जलूल, स्वप्न में बकते हो
मैं भी चूड़ीदार पजामा हूँ पहने
मुझ पर भी तुम खंडकाव्य लिख सकते हो।

छुटका भी, खोपड़ी तुम्हारी में, प्रतिदिन
तेल आँवले का, उठते ही मलता है
फिर भी क्या हो गया तुम्हारे भेजे को
पहले जितना तेज क्यों न अब चलता है?

कभी धड़ाधड़ छपीं तुम्हारी कविताएँ
अखबारों में खूब तुम्हारी चलती थी
घर बैठे जब मनीआर्डर आते थे
पोस्टमैन को देख, पड़ोसिन जलती थी।

कवि-सम्मेलन, बिना तुम्हारे, थे सूने
जमी हुई थी धाक तुम्हारी 'नॉलिज' की
उड़ते थे जब केश, हवा में घुँघराले
मर मिटती थीं, शोख तितलियाँ कालिज की।

याद करो वह दिवस, तुम्हारे सिर में जब
पके हुए कुछ बाल दिखाई पड़े मुझे
चिंता से मैं वहीं, पड़ गई थी पीली
चक्कर आने लगे, खड़े ही खड़े मुझे।

छूकर मेरे गाल, कहा था तब तुमने
पगली है तू निरी, व्यर्थ घबराती है

ज्यों-ज्यों कवि के केश रुपहले होते हैं
कविताओं पर नई जवानी आती है।

केश तुम्हारे लेकिन मैंने रँगे स्वयं
सोचा, तुम पर नई जवानी आएगी
पगली थी मैं हाय, मुझे मालूम न था
तुम जवान, कविता बुड्ढी हो जाएगी।

अपने बाल सफेद करो जल्दी से तुम
नंगे सिर अब कड़ी धूप में चला करो
पिंड छोड़कर काली मेहँदी का, दिन में
केशों पर, दस बार सफेदी मला करो।

मैं हूँ अभी जवान, दिखोगे तुम बुड्ढे
पर मेरा ईमान, रेत पर टिका नहीं
पूजूँगी मैं चरण तुम्हारे जीवन-भर
पतिव्रता हूँ प्राण, फिल्म-तारिका नहीं।

इतना कहकर छुए चरण जब पत्नी ने
अपना 'टाइमपीस' टनटना उठा तभी
भई भोर, टूटा सपना, हम चौंक पड़े
बाल सभी पक गए, मगर हैं छड़े अभी।

□

कमाल देखते रहे

तारों भरी रात में
लेके पर्स हाथ में
देवीजी निकल पड़ीं सहेलियों के साथ में
और हम किचन में चढ़ी दाल देखते रहे
देवियों के मूड का कमाल देखते रहे।

छोड़कर अकेला जब
हमारी गुलबदन गई
हमको यूँ लगा कि घर से चाँद की किरन गई
और बात-बात में अजीब बात बन गई
हम उदास बैठे रहे, दाल सब उफन गई।

थाम के रुमाल से
जब उतारी देगची
उस मुए, रुमाल में से आग की लपट उठी
और हम लुटे-लुटे, धुएँ में घुटे-घुटे
जलता हुआ रेशमी रुमाल देखते रहे
देवियों के मूड का कमाल देखते रहे।

मूड जब बिगड़ गया
तो घर से हम निकल पड़े
साइकिल उठाई, उनके पीछे-पीछे चल पड़े
लेकिन आदमी को भुखे पेट कैसे कल पड़े
डगमगाई साइकिल तो हम वहीं फिसल पड़े।

कार एक आ भिड़ी
टूट गई पसलियाँ
सैकड़ों तमाशबीन कसने लगे फब्तियाँ
और हम मिटे-मिटे, शर्म से पिटे-पिटे
अपनी कुहनियों की, छिली खाल देखते रहे
देवियों के मूड का कमाल देखते रहे।

कार को चला रही थी
इक हसीन फुलझड़ी
सामने हमारे वो उतर के हो गई खड़ी
मद भरी निगाह से मिली निगाह जिस घड़ी
'सॉरी, ऐक्सक्यूज मी', वो हम से कह के चल पड़ी।

महकी-महकी जुल्फ की
हमको जब लगी हवा
चुटकियों में हो गई हमारे दर्द की दवा
और हम ठगे-ठगे ख्वाब से जगे-जगे
उस निगोड़ी परकटी के बाल देखते रहे
देवियों के मूड़ का कमाल देखते रहे।

□

पुराना अखबार

आप क्या गौर से पढ़ती हैं मेरे चेहरे को
छोड़िए, मैं तो हूँ अखबार, पुराने कल का।

कितनी बेचैन थीं कल आपकी नीली आँखें
सुबह होते ही, मेरी सुर्खियाँ पढ़ने के लिए
आप लेकिन मेरी कोई भी 'कटिंग' रख न सकीं
यादगारों के हसीं 'फ्रेम' में मढ़ने के लिए।

रौशनी से था बस इक रोज का रिश्ता मेरा
आ गईं रास मुझे अब तो अँधेरी रातें
पड़ चुके हैं मेरे मुखपृष्ठ के अक्षर धुँधले
भूल भी जाइए अब आप पुरानी बातें।

आपके हुस्न को, अल्लाह सलामत रक्खे
आप औरों की निगाहों में भी चढ़ सकती हैं
दर-ब-दर मेरी तरह आप भला क्यों भटकें
आप घर बैठे, हर अखबार को पढ़ सकती हैं।

वो, जहाँ और भी रक्खे हैं पुराने अखबार
आप रख दीजिए मुझको भी उस अलमारी पर

कम नहीं धूल की परतें, मेरे मातम के लिए
आप क्यों अश्क बहाएँ, मेरी लाचारी पर।

आज बेशक न सही मेरी जरूरत, लेकिन
वक्त पड़ने पे कभी आपके काम आऊँगा
भीगी पलकों का फकत एक इशारा पाकर
भाव रद्दी के, किसी रोज मैं बिक जाऊँगा।

आपके दर पे जो शहनाई बजेगी एक दिन
शायद उस साज का मुझ तक भी कोई स्वर पहुँचे
और फिर मेरे ही कागज के किसी टुकड़े में
आपकी माँग का सिंदूर लिपटकर पहुँचे।

छोड़िए मैं तो हूँ अखबार पुराने कल का
आप क्या गौर से पढ़ती हैं मेरे चेहरे को।

□

कलियुगी रसिया

मोर-मुकुट की छटा दिखाय जइयो
बुलाए गई राधा प्यारी
'कान्हा, बरसाने में आय जइयो
बुलाए गई राधा प्यारी।'

असली माखन कहाँ आजकल
घालमेल है भारी
चरबीवारो 'बटर' मिलैगो
फ्रिज में, हे बनवारी!

आधी टिकिया मुख लिपटाय जइयो
बुलाए गई राधा प्यारी।
'कान्हा, बरसाने में आय जइयो
बुलाए गई राधा प्यारी।'

मटकी रीती पड़ी दही की
बड़ी अजब लाचारी
सपरेटा को दही मिलैगा
कप में, हे बनवारी।

छोटी चम्मच भर कै खाय जइयो
बुलाए गई राधा प्यारी।
'कान्हा, बरसाने में आय जइयो
बुलाए गई राधा प्यारी'

नंदनवन के पेड़ कट गए
बने पार्क सरकारी
'ट्विस्ट' करत गोपियाँ मिलैंगी
जिन में, हे बनवारी!
संडे के दिन रास रचाय जइयो
बुलाए गई राधा प्यारी।
'कान्हा, बरसाने में आय जइयो
बुलाए गई राधा प्यारी!'

गली-गली दिन-रैन फिरत हैं
गउएँ मारी-मारी
ग्वाल-बाल पालते मिलैंगे
पिल्ले, हे बनवारी!

उनको बछड़े समझ, चराय जइयो
बुलाए गई राधा प्यारी
'कान्हा, बरसाने में आय जइयो
बुलाए गई राधा प्यारी।'

जमुना-तट सुनसान, मौन है
बाँसुरिया बेचारी
गूँजत मधुर गिटार मिलैगो
ब्रज में, हे बनवारी!

जिद्दी हैं ये मानेंगी कहाँ मेरी नसीहत
नाली में दवा फेंकना, बचपन की है आदत
खटिया से रही है इन्हें कुछ खास मोहब्बत
जोड़ों में इन्हें दर्द की कुछ तो है शिकायत।

कुछ मुझसे कराने को ये मनुहार पड़ी हैं,
बिस्तर पे कई रोज से बीमार पड़ी हैं।

अरसे से गए छूट, भजन-कीर्तन इनके
होती है कलेजे में, तभी तो जलन इनके
माथे पे पड़ी रहती है हरदम शिकन इनके
होते नहीं अब, मुझसे तो नखरे सहन इनके।

भौंहों की, ये ताने हुए तलवार, पड़ी हैं,
बिस्तर पे कई रोज से बीमार पड़ी हैं।

हफ्तों से मेरी सालियाँ सब इनको हैं घेरे
डाले हैं, सहेली ने भी इनकी, यहीं डेरे
खाती नहीं कोई भी तरस, हाल पे मेरे
सँग किसके, बुढ़ापे में पड़ेंगे, मेरे फेरे।

करने को ये रँडुआ मुझे, तैयार पड़ी हैं,
बिस्तर पे कई रोज से बीमार पड़ी हैं।

कहती है कोई, डॉक्टर अच्छा-सा बुलाओ
है राय किसी की, इन्हें सर्दी से बचाओ
कइयों की ये जिद है, इन्हें मोसम्मी चुसाओ
धीरे-से कहा एक ने, दाई को दिखाओ।

दाई के तो चक्कर में ये दस बार पड़ी हैं,
बिस्तर पे कई रोज से बीमार पड़ी हैं।

□□□